Emilia Pardo Bazán

Doña Milagros

Barcelona **2024**
Linkgua-ediciones.com

Créditos

Título original: Doña Milagros.

© 2024, Red ediciones S.L.

e-mail: info@linkgua.com

Diseño de cubierta: Michel Mallard.

ISBN tapa dura: 978-84-1126-387-0.
ISBN rústica: 978-84-9953-830-3.
ISBN ebook: 978-84-9007-761-0.

Sumario

Brevísima presentación

La vida

Emilia Pardo Bazán (1851-1921). España.

Nació el 16 de septiembre en A Coruña. Hija de los condes de Pardo Bazán, título que heredó en 1890. En su adolescencia escribió algunos versos y los publicó en el *Almanaque de Soto Freire*.

En 1868 contrajo matrimonio con José Quiroga, vivió en Madrid y viajó por Francia, Italia, Suiza, Inglaterra y Austria; sus experiencias e impresiones quedaron reflejadas en libros como *Al pie de la torre Eiffel* (1889), *Por Francia y por Alemania* (1889) o *Por la Europa católica* (1905).

En 1876 Emilia editó su primer libro, *Estudio crítico de Feijoo*, y una colección de poemas, *Jaime*, con motivo del nacimiento de su primer hijo. *Pascual López*, su primera novela, se publicó en 1879 y en 1881 apareció *Viaje de novios*, la primera novela naturalista española. Entre 1831 y 1893 editó la revista *Nuevo Teatro Crítico* y en 1896 conoció a Émile Zola, Alphonse Daudet y los hermanos Goncourt. Además tuvo una importante actividad política como consejera de Instrucción Pública y activista feminista.

Desde 1916 hasta su muerte el 12 de mayo de 1921, fue profesora de Literaturas románicas en la Universidad de Madrid.

Prólogo en el cielo

El Héroe

(Deteniéndose en el umbral de la gloria.) Señor de cielos y tierra, ¿es verdad que voy a entrar en la mansión de los escogidos? Apenas me atrevo a creer tamaña ventura. ¿Cuáles han sido mis merecimientos, Señor, para que te dignes mirar con indulgencia a tu siervo? ¿Yo en la gloria? ¿Yo entre santos, mártires, confesores y vírgenes, tronos, jerarquías, potestades y dominaciones?

Voz del Espíritu
de Dios

(Que sale de una ardiente nube.) No estarás entre los santos, ni entre los vírgenes, porque no lo eres. Entre los mártires y confesores bien podrías, pues algún martirio padeciste y algunas veces me confesaste. Si solo los santos entrasen en el cielo, muy solitaria se hallaría mi mansión. La santidad, como el genio luminoso y la belleza soberana, es patrimonio de pocos. ¿Has imaginado tú que Yo crie, perfeccioné y redimí al género humano para destinarle a condenación eterna, verle retorcerse en el fuego del Purgatorio o aullar en los braseros del Infierno?

El Héroe

(Transportado de alegría.) Señor, es cierto que si pequé, mi corazón no es el de un malvado. Yo deseaba guardar tus mandamientos, aunque no los he guardado siempre, y en Ti he creído y esperado con firmeza. Nunca, aun en medio de las pruebas que te dignaste enviarme, se entregó mi alma a la negra desesperación, ni osó desconfiar de Tu providencia, ni censurar Tu obra, ni renegar del don precioso de la vida que otorgaste a Tus criaturas. No te serví con el celo y fervor que debiera, pero Tú sabes que no he sido impío. Sin embargo, estoy confuso... Nada hice bueno, y algo malo sí... ¡Algo muy malo!...

Voz del Espíritu

(Suave, armoniosa y musical, como si brotase de los registros más delicados de un órgano.) Has amado mucho. Recuerda que a quien mucho ama, mucho se le perdona. Tu corazón fue un foco de ternura. Eres el Padre, por otro nombre el Pelícano. En tus párpados hay huellas de llanto y señales de prolongadas vigilias. En tus manos no veo ni oro ni jirones de honra. Ábrelas... Están vacías. En una de ellas...

El Héroe

(Temblando, lloroso y contrito.) Señor, Tú que todo lo comprendes, ¿no distingues esta... esta manchita... así... roja?... ¡Misericordia, Señor... Misericordia de mí!

Voz del Espíritu

(Grave y serena.) No; no la distingo. La vi cuando cayó. Después la ha borrado tu constante arrepentimiento.

El Héroe

(Respirando y enajenado de gozo.) ¿Con que no soy asesino? ¿No soy criminal?

Voz del Espíritu

(Misteriosa y lejana.) El hecho descarnado nada significa para mí. Mi justicia no se parece a la que tú conociste allá en el mundo. El beso de Judas fue asesinato; el tajo de Pedro, que cercenó la oreja a Malco, fue caricia. Cuando Pedro desenvainó la espada, rebosaba amor por mi Hijo. Intenciones, motivos, pensamientos... Hechos no. El hecho no existe en estas regiones. El hecho es la cáscara de la realidad.

El Héroe

(Creyendo soñar.) ¿He matado y estoy sin culpa?

Voz del Espíritu	(Clara y firme.) He medido y pesado los móviles de tu falta. Ya has expiado viviendo. El que mata y vive, expía. Con todo, aún te queda una penitencia que cumplir. Antes de entrar en el goce de la beatitud, bajarás otra vez a la tierra y escribirás tu historia, para bien de algunos de tus semejantes.
El Héroe	(Asustado.) ¡Señor! ¡Escribir! No ignoras que nunca aspiré a la gloria literaria. Ni aun he combatido en el estadio de la prensa. Es decir... Para que no se ría el diablo de la mentira, recuerdo haber puesto dos o tres comunicados en el Grito Cantábrico y en el Nautilense, cuando el ayuntamiento de Villalba, contra toda ley y razón, se empeñó en expropiarme...
Voz del Espíritu	(Benévola.) Ahora es asunto de mayor importancia. La narración de tu vida tendrá forma novelesca.
El Héroe	(Más incrédulo que antes, temiendo ser víctima de una pesadilla.) ¿Noveles...?
Voz del Espíritu	(Enérgicamente.) Novelesca.
El Héroe	(A dos dedos de la más satánica rebeldía.) Señor, ¿eres Tú quien me manda hacer una obra novelesca? ¿Una novela, hablando pronto? ¿Es Tu voz o es la de Lucifer la que escucho? ¿Yo que me he pasado la vida tapando los agujeros por donde pudiesen deslizarse en mi casa esos libros nefandos y pestilenciales, a fin de que no se posasen en ellos ¡ay de mí!, los ojos de mis amadas hijas? ¿Yo que he cazado folletines como quien caza serpientes? Ya sé que, según dicen, las novelas de ahora no se parecen a las de antes; pero tengo entendido que aún son peores, porque

rompiendo todo freno presentan la vida humana con repugnante desnudez, y la fotografía pornográfica más descarada no llega adonde llegan tan asquerosos librotes. Pornográfica es palabra de un amigo mío sumamente ilustrado... que me dijo que así debían calificarse...

Voz del Espíritu   (Con lentitud solemne.) Obedece y calla. Yo soy, la Verdad, la Belleza y la Bondad juntas, y nada de lo que ha sido hecho se hizo sin Mí. En Mí está la Vida, y la Vida es la luz de los hombres.

El Héroe   (Para sí, aturdido.) Esto se me figura que lo dicen en la misa... (Desvanécese la ardiente nube, y aparece otra nubecilla nacarada, y cabalgando en ella un ANGELITO muy risueño, pálido, que representa unos cuatro años de edad.)

El Angelito   (Al HÉROE.) Ven conmigo. Yo te guiaré a que cumplas tu expiación, como manda Papá del cielo. ¿Qué? ¿No me conoces? ¿Ya no te acuerdas de mí?

El Héroe   (Haciendo pantalla con la mano.) No... digo, sí... se me figura... no sé...

El Angelito   ¡Sí soy tu Moncho, tu Ramón, el que se cayó del tercer piso por un descuido de la niñera y se hizo tortilla contra las piedras de la calle!

El Héroe   (Conmovidísimo.) ¡Hijo de mi alma! ¡Monchito! ¡Válgame Dios! Quién iba a conocerte con esas alas tan cucas, y esa claridad que te rodea, y esa cara de bienaventurado! ¡Ay! ¡Dichoso tú! ¡Si supieses las horas que pasé cuando te subieron sin vida, caliente aún tu pobre cuerpecito! No estabas nada desfigurado, ni tenías roto nada, al parecer... Solo un cuajarón de sangre debajo de la naricilla... ¡Qué de besos te di! ¡Infelices padres los que tal ven!

El Angelito	(Riendo.) Pues ahora consuélate, papá. Suerte como la mía... El trago fue para ti. Yo, tan contento. Nada me dolió: duró aquello un instante, y creo que ya llegué muerto a las losas. Aquí nada me falta. Tengo una legión de compañeritos, y jugamos a la pelota y al volante con unas estrellas más lindas... Ahora, a la tierra. Agárrate a mis alas. No, si están muy fuertes; no me las arrancas ni tú ni diez como tú. Así... fuera miedo.
El Héroe	(Al atravesar el tercer cielo.) Se va muy bien... me parece que soy pájaro y que he volado toda mi vida. Pero oye... Contigo tengo yo más confianza para hacer ciertas preguntas. ¿Es posible que Dios, sobre mandar escribir una novela, que ya es cosa bastante rara, se lo mande a quien ni tiene facultades, ni costumbre, ni...? ¿Cómo empezaré? ¡Sabes que me da en qué pensar? ¿Irá bien si empiezo: «En una serena tarde del mes de julio...»?
El Angelito	(Riendo a carcajadas.) Jesús, papá... Le cuelgas a Dios unas tonterías... Tú no tienes que escribir la novela. Basta con que la inspires. Yo te llevo a casa de un novelista de profesión; te acercas a su oído y susurras: «Mire usted, cuando vivía hice esto, aquello y lo otro; pensé así, sentí asado...». Y basta. Él se encargará del resto.

El Héroe	Eso mismo dudo que pueda hacerlo de manera que el novelista saque algo en limpio de mi historia. Yo sé bien lo que me ha sucedido y lo que sentí allá por dentro; pero hijo, las explicaderas...
El Angelito	(Con ternura.) Papá, ya verás cómo así que te llegues al novelista se te despabila el meollo y ves claramente muchas cosas que en vida no entendiste; y además te entran una franqueza y una elocuencia tales, que declaras los móviles de tus acciones más leves y ensartas los pormenores de los sucesos más insignificantes de tu verdadera historia. Y al irlos refiriendo, adivinarás la coordinación secreta de los efectos y sus causas en la vida... Has de pegarte algún cachete en la frente. ¿No ves cómo hablo y discurro yo, desde que subí al cielo?
El Héroe	(Algo amostazado.) Bien, obedezco... pero conste que no me explicar esta orden del Señor... En fin, quien manda, manda.
El Angelito	¡Ay papá, qué descontentadizo! ¿Preferías un añito de Purgatorio?
El Héroe	Yo qué sé... Ahora enciérrese usted en el cuarto de un escribidor, que será algún tugurio, y el dueño tal vez un perdis rematado... Me mirará por encima del hombro; me juzgará con dureza, y escudriñará impúdicamente el alma de mis desventuradas hijas.
El Angelito	(Partiéndose de risa.) ¡Qué gracia papá, qué gracia! Cuando veas a donde te conduzco...

El Héroe	(Colgado del ala de su hijo y mirando hacia abajo.) ¿Qué es esto? ¡No es Marineda la ciudad que se extiende allá... sobre el azul? ¡No es esa la bahía redondeada en forma de concha, la torre del Faro, los amenos jardines del Terraplén? El corazón se me sale de alegría. ¡No es aquella la chimenea de mi propia casa?
El Angelito	(Cariñoso.) Sí, papá... pero no la mires... Ahí no has de volver nunca.
El Héroe	(Con ansia.) Dos minutos... Verlas... ¡Por caridad!
El Angelito	No puede ser. Tu expiación comienza.
El Héroe	(Afligido.) ¿A dónde me guías?
El Angelito	¿Ves aquel caserón antiguo del Barrio de Arriba? ¿Balcón con palma en el primer piso...?
El Héroe	¿Galería en el segundo?
El Angelito	Justo... ¿Ves dos ventanas del tercero abiertas? ¡Una gran mesa... estanterías, libros, cachivaches, plantas, flores? ¿Una mujer que atraviesa la habitación con un violetero lleno de violetas en la mano...?
El Héroe	(Admirado y gozoso.) ¡Ah!.... de modo... con que es ahí... Ya... Claro... Respiro... Al menos hablaré con una persona del mismo Marineda, una señora, un alma compasiva... Ya sabrá ella parte de mi historia.
El Angelito	Anda, papá... Es preciso que entre allí tu espíritu antes de que se cierre la ventana... Va a llover y tengo

mucha prisa de regresar al cielo. En este clima tan húmedo no hay modo de vivir sin paraguas, impermeable o cosa así. Cuélate pronto... y abur... ¡Hasta luego! ¡Que ya cierran la vidriera...!

El Héroe   (Desde el alféizar de la ventana.) Hijo mío, no te mojes... Arrópate bien en la nube... Mira que los catarros, ahora en esta estación...

El Angelito   (Con risa argentina y encantadora.) Abur, abur. Volveré por ti cuando esté terminada la última cuartilla.

I

En la pila bautismal me pusieron el nombre de Benicio. Por el lado paterno llevé el apellido de los Neiras de Villalba, pueblo digno de eterno renombre, donde se ceban los más suculentos capones de la Península española. En el escudo de mi casa solariega, sin embargo, no campean estas aves inofensivas, sino un águila coronada y un par de castillos de sable sobre campo de gules. Tales zarandajas heráldicas no impidieron a mi padre, el mayorazgo, casarse con la hija de un confitero y chocolatero natural de Astorga, establecido en los soportales de la Plaza de Lugo. Era mi padre (Dios le haya perdonado) algo antojadizo y terco y bastante libertino; y como la recia virtud de mi madre no consintió rendirse a sus asaltos, a contrapelo de toda la familia la hizo su esposa.

Yo creo que en tan desigual enlace quien salió perdiendo fue la confitera. Poseedora de las cualidades morales que faltaban a su marido; hacendosa, recta y cristiana a carta cabal, mi madre vivió sola, despreciada, maltratada y faltándole cariño, consagró el suyo entero a mi hermana y a mí. Digo mal: yo fui el preferido, el único amado tal vez, porque mi hermana, que pecaba de intrigante y chismosuela, fue desde pequeñita el ojo derecho de mi padre. Mi niñez corrió triste, viendo a mamá esconderse para llorar por los rincones de la casa, y echándome a temblar cuando papá gritaba y maldecía y soltaba cada terno que se venía abajo la bóveda celeste; pues una de las peores mañas del autor de mis días era jurar como un carretero desde que abría la boca; y recuerdo que mi madre me inculcó el odio a tan feo vicio, hasta hacerme caer en el extremo de considerar los juramentos, las blasfemias y las palabras soeces como el mayor y más estúpido pecado que puede cometer el hombre. Esta y las demás enseñanzas de mi madre se me grabaron indeleblemente, viniendo a ser la base de mis convicciones y principios; así como en el fondo de mi carácter quedó una blandura y un apocamiento, que atribuyo a haberme ensopado y reblandecido el corazón los terrores y las lágrimas maternales. Mi madre era mujer chapada a la antigua, e hizo predominar en mí el elemento tradicional sobre el innovador; porque (ahora lo discierno claramente) no cabía en sus facultades equilibrar los dos de tal manera que yo me encontrase en condiciones favorables para vivir en la época que Dios había señalado a mi paso por el mundo. Aprendí de mi madre la probidad, el horror a las deudas, el respeto de los contratos y de la honra de las mujeres, la modestia, la economía, la frugalidad, la veracidad, virtudes que adornan a la grave raza castellana, aunque se atribuyan en general a la ibérica. También me fue inculcado por mi madre otro sentimiento nada común en la sociedad actual: una consideración profunda por las personas de elevado nacimiento, unida a cierto democrático individualismo y a mucha llaneza con los inferiores. En cuanto a la enseñanza religiosa, por entero la debí a mi madre: ella me obligó a aprender de memoria el Catecismo, me hizo rezar diariamente el Rosario, me leyó en el Año Cristiano las vidas de los Santos y en el Kempis los capítulos referentes a la resignación, a la humilde sujeción, al hombre bueno y pacífico, a la tolerancia de las injurias, al puro corazón y la intención sencilla. Tales doctrinas prendieron en mí maravillosamente: sin duda existía oculta conformidad entre ellas y mi carácter; por lo cual llegué a imaginarme (a posteriori) que me hubiese convenido más ser amamantado en principios de energía, acción y violencia, porque hallándose estos en pugna con mi condición natural, se establecería el provechoso equilibrio donde quizá reside el secreto de la armonía, perfección y felicidad humana. Someto este problema a los doctos, y paso adelante.

Cuando me veía quejoso y dolorido del proceder de mi padre, mamá me predicaba la conformidad más entera. «Las faldas del marido —me decía— no excusan jamás las de la mujer. Él es el jefe de la casa, y se le ha de obedecer y se le ha de querer bien, todo lo que no sea esto se queda para bribonas infames. Rezar mucho a ver si se convierte y se hace bueno... y paciencia, y que cada cual acepte su cruz. Contra el marido y el padre jamás tiene razón la mujer y el hijo. Silencio... y Dios sobre todo».

Uno de los sanos consejos de la que me llevó en sus entrañas, fue el de seguir una carrera. «Hijo —me decía— Dios sabe a dónde llegaremos... Puede suceder que tengamos que pedir limosna». La vida rota y relajada de mi padre daba cierta verosimilitud a tan tristes profecías. Asistí, pues, al Instituto, con propósito de ingresar más tarde en el Seminario, ordenarme y conseguir un curato de aldea donde viviríamos mi madre y yo, humildemente, según el espíritu del Kempis, pero sin mendigar. La muerte de mi madre, casi súbita, de un ataque de reuma al corazón, malogró estos planes. Por consejo de mi tío Ventura Neira, el abogado, se me envió a la Universidad compostelana a cursar leyes.

Cuento mis épocas de estudiante como las mejores de mi vida. La alegría y descuido de la mocedad, el trato regocijado de los amigos, las bromas y los entretenimientos propios de mi edad y mi estado, me dejaron delicioso recuerdo. Debo advertir que esto ocurría allá por los años 45 a 50, cuando todavía decir estudiante era decir buen humor, chispa, viveza, ingenio, travesura. Ahora las estudiantinas (todos los Carnavales se presenta alguna en Marineda) parecen cuadrillas de penitentes, según lo compungidas y contritas que se muestran: ni por casualidad provocan el más leve desorden; ni siquiera galantean a las muchachas; embolsan el dinero que las dan, con la misma tristeza con que los pobres vergonzantes se guardan el socorro; andan como si se hubiesen tragado el molinillo; en fin, estos no son escolares. Nosotros armábamos cada guitarreo y cada baile de máscaras y cada gresca, que si me acuerdo aún me río. Yo no figuraba entre los inventores de las diabluras; pero no descomponía partido; se contaba conmigo siempre, y una vez metido en danza, no me quedaba atrás (entendiéndose que nuestras humoradas no pertenecían al género de las que dejan en pos de sí deshonor y llanto).

Excuso decir que ni rastros persistían en mí de la supuesta vocación eclesiástica. Al contrario... Confesémoslo sin rebozo: mi corazón juvenil latía dulcemente solicitado por misteriosas voces y por ansias indefinibles. Un aguijón, un estímulo suave me incitaba sin cesar a que me aproximase a la mitad bella de la humana progenie. Estudiante más enamoradizo que yo, dudo que haya existido desde que hay aulas en el mundo. Solo que en mí no llegaba a adquirir la pasión amorosa el grado de concentración y de fijeza que la hace terrible: a fuerza de gustarme tanto las mujeres, no me perdía por ninguna. Verlas y derretirme en babas, era todo uno; sus insinuaciones me encontraban siempre rendido, galante, hecho un caramelo; hoy me mareaban unas pupilas de azabache, mañana dos ajos azules me volvían tarumba... y, al fin, nada; revoleos de mariposa, sin consecuencias ulteriores.

Mi espíritu no anhelaba los torturadores goces del amor culpable, pagarlos con el desasosiego de la conciencia: lo que me sonreía, en medio de tantos zascandileos amorosos, era la perspectiva de la honesta felicidad conyugal. «No hay remedio: me caso no bien acabe la carrera», decía, pareciéndome lo más natural del mundo que como el ave busca pareja y nido, busque compañera y hogar el hombre. Así es que apenas tuve en el bolsillo mi título de licenciado, empecé a tender la vista, por si distinguía la media naranja... No fue en Compostela, centro al fin de vida un poquillo disipada, donde se me apareció, sino en Monforte, la villa medioeval, legendaria, que aún domina, ceñudo y fiero, el torreón de los Hidalgos. ¡Allí te encontré, cara esposa, Ilduara mía, en quien hasta el nombre revistió carácter de noble severidad, de dignidad austera! ¡Algunas veces, al ver tu majestuoso continente, tus formas en que cada año fue acentuándose más la línea recta, y sobre todo, tu energía indomable, tu intransigencia loabilísima, te he comparado al torreón de tu pueblo natal! Sin embargo, al tiempo que te conocí, la amable risa descendía aún a tus ojos y a tus labios. ¡Después del primer año de boda fue cuando empezó a ocurrírseme que te parecías al torreón!

Poseía mi Ilduara bienes y casas en Monforte, y allí vivimos algún tiempo y nacieron nuestros primeros vástagos. Porque esta fue otra excelencia y cualidad singular de mi esposa: rendir infaliblemente su cosecha anual. Fecundidad semejante es extraordinaria aun en Galicia misma. En esta narración se irá patentizando hasta dónde llegaba la fertilidad de Ilda: debo decir que no puede compararse sino con el prodigioso desarrollo del sentimiento de la filogenitura en mí. Tal sentimiento dormía en las profundidades de mi ser afectivo, y solo aguardaba, para revelarse en toda su fuerza, la abundancia de prole con que quiso Dios bendecir mi casa. Desde los paseos a las altas horas, descalzo y con el canario de alcoba muy agasajadito en el pecho, hasta las corridas a cuatro patas con el nene montado sobre el espinazo; desde la fabricación de trompos y cometas hasta los perennes repasos de silabario y Astete, recorrí todos los grados de la paternidad celosa y babosa: mi Ilduara bastante tenía con parir...

Un trágico acontecimiento fue el primer cáliz de amargura que me hizo apurar la paternidad. Mi primogénito era un varón, de lo más travieso, adelantado y listo que se ha visto nunca: un fenómeno de talento para sus cuatro años. Con decir que ya juntaba las letras... Cierto día se puso la criada a vestirle, teniéndole sentado en el hueco de una de esas ventanas antiguas que forman como nichos hondos. La vidriera estaba entornada... En una vuelta que dio la infante mujer, el niño se inclinó... La cabeza le pesaba más que el cuerpo... ¡Ay, de mí!

Desde entonces Monforte se me hizo aborrecible. Los guijarros de las calles tenían sangre de mi pequeño. Nos trasladamos a Lugo.

Encontré a mi padre completamente subyugado por el marido de mi hermana, un procurador llamado Garroso, lo más fullero y tramposazo que han conocido los siglos. Mi Ilduara, desde el primer instante, adivinó la situación, y las dos cuñadas se declararon guerra a muerte, sin tregua ni cuartel posible. Guerra solapada, eso sí, pero doblemente feroz: tiroteo incesante de chismes, delaciones, enredos, competencias, murmuraciones, desdenes y mal encubiertas groserías. Lo primerito que hicieron, ponerse motes. Mi hermana apodó a mi esposa el Estandarte, y mi esposa se vengó llamando a mi hermana la Dulcera. ¡Inconsiderada profanación de la memoria de mi santa madre!

No es decible la hiel que yo tragué con semejantes rencillas. El dolor causado por la desgracia de mi Monchito era al menos un dolor noble y que podía confesar y desahogar ante las gentes; pero estas miserables cuestiones, si pudiese, me las callaría a mí mismo. Andaba avergonzado. Comprendí entonces por primera vez que el esposo, cuando no establece desde un principio su autoridad doméstica y su legítimo ascendiente, queda anulado, sometido a la que, de súbita, se trueca en tirana fiera. Ilduara desoyó mis ruegos, se mofó de mis consejos y hasta volvió contra mí las faltas de los míos. Mi padre tomó, por supuesto, el partido de mi hermana, y, enfermo de gravedad, no quería recibirme ni sufrirme a su cabecera. Falleció, y ni aun después de muerto me lo dejaron ver. Se abrió el testamento, y aparecí perjudicado en todo lo posible, con la saña y la mala voluntad que podrían desplegarse contra el hijo más calavera e ingrato. Yo me inclinaba a conformarme y tomar lo que buenamente me diesen; pero Ilduara, sin conocimiento mío, consultó a varios abogados, y me forzó a entablar una serie de litigios, de lo más embrollado que registran los laberínticos anales de la curia gallega. Allí tuve ocasión de comprobar el acerado temple de alma de mi esposa. Ella aseguraba que su bello ideal era pleitear «hasta quedarse por puertas» con tal de ver a la familia de Garroso pidiendo también limosna. El lecho conyugal, campo reservado a más tiernas expansiones, se convirtió para mí en antecámara de la Audiencia marinedina, y todas las noches oí hablar de incidentes, vistas, juicios, sala, autos, documentos —mezclado con invectivas y furibundos ataques a mis padres, cuñado, hermana, etcétera—. ¡Qué intimidades, santo Dios, qué intimidades! Dos años duró este tósigo. Al fin, mi cuñado me propuso secretamente una transacción. Leonina, claro está; pero si el pleito de partijas continuaba, todos quedaríamos iguales, en camisa... Temblé por mis pobres chiquillos, y esta idea me dio fuerzas para abrazar una resolución sin consentimiento de Ilduara. Abracela, y firmé...

Menos funesto hubiese sido para mi paz doméstica abrazar a todas las mozas de seis leguas en contorno. ¡Oh firma, oh rúbrica, que aún me parece estar viendo al pie de la escritura, con vuestras letras encogidas, con vuestros trémulos rasgos! Por obra vuestra descendí definitivamente desde el augusto solio de jefe de familia al humilde lugar de esclavo consorte; vosotras, como las letras de fuego que mudaron la faz del destino del monarca babilónico, señalasteis en mi existencia de esposo y padre un trágico momento de crisis. Desde entonces fui el acusado, el culpable, el traidor de la familia; todas nuestras escaseces y adversidades se achacaron a aquel Benicio Neira y Quiñones... en mal hora estampado; cuantas veces intenté hacer prevalecer mi opinión en mi hogar, o emanciparme en algo, vino la fatídica firma a taparme la boca, y oí resonar la frase tremenda:

—Como tú arruinaste a tus niños con la escritura de partijas...

A fuerza de oírlo repetir, llegué a creerlo yo mismo; sí, llegué a creer que, en efecto, con la malhadada firma, había consumado la perdición de tan queridos seres.

Sin embargo, para que se vea lo que son las pequeñeces y cuánto pesan en la balanza de nuestra vida, no fue la desdichada transacción, sino otro suceso harto insignificante, lo que hizo rebosar el vaso de la cólera y disgusto de mi Ilduara, y la movió a adoptar una determinación tan radical como la de trasladar nuestra residencia fuera de Lugo. Es el caso que el odio que mi esposa sentía hacia la familia de mi hermana se comunicaba a nuestra progenitura, y ya varias veces mi hija mayor, Gertrudis, había andado a la greña, en la escuela, con las chiquillas de Garroso. Solo el varón primogénito de los Garroso, llamado Luis, de cinco años, se empeñaba, con magnanimidad notoria, en echar pelillos a la mar; y apenas me veía desde cien leguas, ya estaba gritando: «¡Tío Benitio... tío Benitio!... ¡Tayamelos!...». En épocas de relativa concordia había yo contraído el hábito de regalarle, siempre que le encontraba, dos o cuatro cuartos de esta golosina; y el ángel de Dios, por no perder la costumbre, venía a reclamar su renta. Era tan guapote, tan colorado y tan zalamero aquel sobrino mío; se parecía tanto a la pobre mamá, que, vamos, cada vez que le hacía un desaire, me dolía el corazón. Una tarde salía yo de la Catedral, de oír la plática del señor Penitenciario sobre el perdón de las injurias, cuando me veo venir disparado al rapaz, repitiendo su estribillo: «¡Tío... tayamelos... tayamelos!...». Agarrado a mi gabán, y saltando a la patacoja, me llevó hacia los soportales, a la más próxima confitería. Tuve un momento de flaqueza. «Mira que no digas nada a nadie, Luisito...». Y le puse en las manos un cucurucho. Cuando salíamos de la confitería vi en los soportales de enfrente a mi hija Gertrudis, por donde comprendí que se preparaba un conflicto, y me propuse agachar las orejas y callar. Mas ¿cómo podía figurarme que, en vez de los sermones a que iba habituándome ya, mi mujer me recibiese con estas palabras disparadas a boca de jarro?

—He escrito a Marineda preguntando por los alquileres de las casas.

—Por los alq...

—Mañana empezaremos a levantar esta. Yo no sigo viviendo en infierno semejante: no y no.

—Pero esposa, Ilda...

Cuando comprendí que la cosa iba de veras, me resigné. ¿Qué había de hacer? Un infierno era realmente nuestra existencia, envenenada por lo que más repugna a mi carácter: odios, luchas y desazones diarias. Solo que, si se hubiese querido oír mi consejo, sería contrario a la traslación de domicilio a Marineda, donde según mis noticias, la vida empezaba a complicarse con exigencias de lujo que me asustaban, y favorable a Monforte, residencia más conveniente para un matrimonio tan prolífico como el nuestro. Ha de decirse la verdad. Yo no creo que la tontería aquella de los caramelos bastase a precipitar a Ilduara de tal modo. Juzgo que influyó muchísimo su vanidad, o, mejor dicho, su justo amor propio de esposa del mayorazgo de Neira, que se ve arrojada de la casa solariega por manejos más o menos turbios de un procurador; pues este era el caso verdaderamente triste en que nos encontrábamos, y el aguilucho y los torreones de Neira, como todo lo más lúcido de un patrimonio, después de la consabida transacción, a mi cuñado pertenecían. Se me figura, pues, que Ilduara, creyó humillante la retirada a Monforte, y dio por cierto que la marcha a Marineda revestía cierto carácter triunfal, como si por medio de ella dijese a su aborrecida cuñada: «¡Usurpadora, ave de rapiña, quédate ahí hecha una lugareña, una procuradora de mala muerte! Nosotros, los Neiras verdaderos, nos vamos adonde la gente fina ha de apreciarnos más, adonde están nuestros iguales, adonde vivamos en la esfera que nos corresponde y en el pie que nos compete».

Para mí el trasplante fue doloroso. Y si analizo bien los motivos de la pena que sentí al dejar a Lugo, sus humedades y sus brumas, yo mismo declaro que pertenecen al número de aquellos sentimientos que demuestran que está lleno de contradicciones el corazón humano. Me afligía dejar a Lugo, por lo mismo que en él no gocé ni por casualidad un rato bueno. Y aquella gente ávida, indelicada, sin fe, entre cuyas manos se quedaba lo mejor de mi herencia paterna y la paz de mi hogar, me angustiaba, ¡quién lo dijera!, el perderla de vista, porque de tal pasta soy, que no puedo desencariñarme de cosa ni de persona alguna... Además, parecíame destruir, con el cambio de horizontes, mi ser tradicional de propietario e hidalgo, en el cual fundaba, no diré mi orgullo, pues esta profana virtud o nervio viril del orgullo, brillante vicio del alma superior, me faltó siempre, pero sí mi modestísima dignidad, y el ambiente de lo que puedo llamar mi vida histórica. Yo venero el pasado. Jamás miré sin respeto las miniaturas de mis abuelas y tías, con sus mangas de jamón y su peinado a lo nene; nunca creí que se pudiese ser cosa mejor que Neira de Villalba; y la conservación de los muebles, inmuebles y fincas legadas por los antecesores, la juzgué religioso deber. Uno de mis dolores del alma fue que ciertos estafermos que poseíamos desde tiempo inmemorial, ciertos majestuosos muebles apolillados, se vendiesen a una prendera, por imposibilidad de acomodarlos en nuestra residencia marinedina. Después supe que entre aquellos trastos nos deshicimos de algunas antiguallas de mérito.

Quizá por la prevención que llevaba conmigo, al pronto Marineda no me agradó. Luego fui convenciéndome de que se la puede contar entre las más lindas capitales de provincia de España, si se exceptúan tres o cuatro ciudades de gran importancia, como Barcelona y Sevilla. En esto convenían todos los forasteros. Lo que me arrebató y cautivo fue el mar. Ni nunca lo había visto, ni nunca pude imaginarme la hermosura, la atracción, la grandeza de tan magnífico elemento. Los pensamientos religiosos y hasta filosóficos que me sugería, no los quiero revelar, porque no sé si parecerían disparates, y además porque tiene algo de vago e intraducible, que solo podría condensarse en palabras si Dios me hubiese otorgado dotes poéticas. Lo cierto es que la ocupación de contemplar el mar vino a ser predilecta para mí, y si los días de tormenta y vendaval me extasiaba el soberano espectáculo del Océano en el Varadero, los días tranquilos me embelesaba con el siempre variado cuadro de la bahía, la entrada y salida de vapores, el movimiento de la grúa y el ir y venir de las lanchas pasajeras cargadas de gente.

No disponía, sin embargo, de mucha libertad de espíritu para semejantes contemplaciones, porque mi vida doméstica era agitada, angustiosa, merced a la repetición periódica del fenómeno de la paternidad. Desde la llegada a Marineda, en vez de amainar, había arreciado el chaparrón de hijos (lo cual podía atribuirse a influencias del aire salitroso). De esta cosecha no toda llegó a espigar y lograrse; pero entre embarazos, partos, amas, niñeras, médicos, denticiones, escarlatinas, escuelas y maestras de costura, estábamos que no nos llegaban a media muela el tiempo ni los cuartos. No obstante, hacia el principio de la década de 1878 a 88, Dios consintió algún alivio a nuestra enfermedad, que maliciosamente llamaría alguien plétora de salud. Sea que experimentásemos cierto cansancio vital, sea por otras causas desconocidas, pasaron cinco o seis años, ¡cinco o seis años!, sin que amenazase caer de nuevo sobre nuestras cabezas la bendición del Señor. Yo miraba a mi Ilduara de reojo, y me congratulaba viendo su talle, no ya esbelto, sino plano. Esta satisfacción la amargaba aun poco la decadencia física de mi leal compañera, en quien notaba cuantos la conocían, un estado de salud nada floreciente. ¿Y cómo era posible otra cosa después de tan continuas batallas, de fecundidad tan increíble? Padecía mi esposa diversísimos achaques, unos acabados en algias, como neuralgias, gastralgias y cefalalgias; otros en agias, como hemorragias; otros en emia, como anemia...; pero todo ello, hablando en cristiano, se podía encerrar en dos síntomas funestos: debilidad de un organismo gastado, pérdidas de sangre que agotaban su escaso caudal de vigor. Lo extraño es que semejantes empobrecimientos y aflicciones no paraban en apagarle el carácter a Ilda, ni en doblegar su firmeza. Al contrario, aquel carácter de bronce parecía más recio y bravo con los males físicos; a semejanza de los mártires que en el tormento cobraban fuerzas, mi mujer se crecía más cuanto más sufría. Nunca ejerció mejor la dictadura; nunca la familia se inclinó más sumisa bajo su férreo, aunque provechoso yugo. Aquel cuerpo, en vez de rendirse, parecía curtirse a la intemperie, como el famoso torreón; aquel genio, en vez de amansarse, se volvía más arisco y fiero; aquella boca, en vez de ayes, exhalaba filípicas y regaños por cualquier motivo leve, o sin motivo ni sombra de él. Era esto bien contrario a mi índole, pacífica de suyo y codiciosa de tranquilidad en el sagrado recinto de mis lares; y nuevamente lamenté no haber desplegado, desde los primeros días del matrimonio, un poco de energía y de tesón que alcanzase en mis manos el cetro de la autoridad, mía y solo mía en su divino origen, como varón que soy. Si en casa de mis padres obedecía siempre la mártir mujer, en la mía el marido era... francamente: era la carabina de Ambrosio.

No obstante, lo llevaba todo con paciencia: asperezas, persecuciones, bufidos, el amargo y perpetuo reproche de haber arruinado a nuestros hijos, de ser un panarra y un hombre inútil: solo llegó a sacarme de quicio cierta peregrina manía que a deshora padeció Ilduara... y fueron los... risa da escribirlo... los furiosos celos que impensadamente empezaron a torturarla... digo mal... a torturarme a mí.

Siempre había notado en mi esposa atisbos de esa rabiosa enfermedad; caso tanto más raro, cuanto que Ilda (dígase en honor suyo) nunca se mostró en nuestra relación conyugal extremosa y apasionada, como yo la hubiese deseado allá en los venturosos días de Monforte, aurora de nuestro amor; sino que supo guardar, hasta un extremo inconcebible y para mí muy doloroso al principio, aquella casta rigidez y recato de la verdadera esposa cristiana, y aquella reserva y aparente frialdad que, si enojan al enamorado loco, deben satisfacer profundamente al marido cuerdo.

Respecto a los celos de Ilda, mi ejemplar conducta, mi fidelidad a prueba, el empeño que ponía en desvanecer y calmar sus aprensiones, habían impedido que llegasen a adquirir carácter perturbador de nuestra tranquilidad. ¡Y lo que no había sido en la mocedad más que transitoria afección, retoñaba después de los años mil, adquiriendo proporciones alarmantes! Yo no volvía de mi asombro, en especial cuando me miraba al espejo. Si allá, por los tiempos en que era Neirita el estudiante y rasgueaba en la guitarra, en tertulias caseras, la Marcha de Luis XVI yendo al cadalso, pude alabarme de una regular presencia, ahora de todo apenas quedaban señales; y como no soy fatuo ni me dio nunca por hacer el pisaverde, lo declaro y pongo aquí el inventario descriptivo de mis gracias: Mediana estatura; cabeza pequeña y piriforme, cubierta de un cepillo cerdoso y entrecano; bigote híspido y color de ala de mosca; dientes largos, calzados de verdín, como teclas de piano viejo que atacó la humedad; ojos... vamos, los ojos podían pasar, y aun creo que en su negra profundidad se reflejaba la honradez de mi alma, por la cual su expresión no carecía de atractivo. Para definir de una vez lo peculiar de mi aspecto, diré que mi cara era una cara de época, atrasada, como reloj que se ha parado, de estas que en mi país se llaman caras antiguas; pero no de carácter histórico tan remoto como esta frase parece significar, pues la fecha que marcaba mi semblante era la de Espartero y la milicia; estaba diciendo Constitución o muerte. Creo que a ello ayudaba mi manera anticuada de afeitarme, rasurándome todo el vello facial, excepto el bigotillo de hisopo y la saliente mosquita. Volviendo al asunto por que saqué a relucir mi facha, claro que esta no justificaba la rara aprensión que le entró a mi buena esposa, aprensión de la cual debo hablar con indulgencia, pues demuestra gran amor, aunque extraviado. En gracia de él la perdoné y vuelvo de todo corazón a perdonarla aquel tomar y despedir de criadas, cocineras y niñeras, aquel andar buscando para nuestro servicio las más feas jimias y los más espantables monstruos, aquel humillante espionaje a que me vi sometido, aquellas insensatas acusaciones y aquellas denigrantes sospechas. Se las perdoné, claro está, aunque en el momento me consternaban, a mí que profeso la religión del lazo conyugal y que desde mis bodas no había encaminado mi gusto sino por la honesta vía del deber. En ocasiones me daba al diablo, no sabiendo qué idear para devolver el juicio a la digna matrona.

En lo más enconado de este período de celosa furia, medió algo que me hizo sentir escalofríos de terror. Ilduara mandó bajar del desván cierto mueble arrinconado hacía tiempo: la cuna, la vieja cunita de forma de nao, estrenada por mi primogénito en Monforte veintinueve años antes, y en que tantos pimpollos míos durmieron el primer sueño... Pero ¿es posible, oh Providencia dadivosa, más bien derrochadora? ¡La cuna, la cuna otra vez!

II

Creo que ha llegado el momento de decir cuál era el estado de mi familia, o más bien la de mi tribu, cuando bajó del desván la ya arrumbada cuna. Me vivían entonces diez retoños; seis estaban en el cielo. Por mandato de Dios, y ejecutando sus inescrutables designios, la muerte se había cebado en los varones, dejándome casi todas las niñas. Para nueve damas, solo tenía un galán. Aunque en el curso de estas páginas irá apareciendo mi prole, trazaré una especie de índice cronológico de sus individuos.

Debe decir en elogio de mi hija mayor, Gertrudis o Tula, que poseía las dotes de gobierno de su madre, y aun aquella misma índole suspicaz y algo avinagrada. En lo físico era también muy semejante a Ilda, pero faltábale la beldad correcta y majestuosa que me había hechizado algunos lustros antes. Tenía de mi Ilduara la curva nariz y los ojos grises, el talle recto y las formas angulosas, y su rostro ofrecía semejanzas con la agorera y meditabunda faz de una lechuza. Clara, la segunda, a quien Tula llevaba lo menos cuatro años, ofrecía el mismo tipo, que, según oí decir a un amigo entendido en ciencias de estas de moda, es el de la raza sueva, de la cual se conservan en Galicia muy caracterizados ejemplares: rubia, alta, seria, nariz de caballete, ojos claros, bastante linda; pero no tanto como la que la sigue, María Rosa, en la cual (sin vanidad) prevalecía el tipo paterno; y con no ser el papá ningún Adonis, ella había salido una muchacha notable, fresca como las flores —por lo cual la llamamos Rosa a secas—. Dentro de la diversidad de gustos que inspira los juicios humanos, podía no obstante discutir si la palma de la hermosura, en mi descendencia, tocaba a mi tercer hija o a la cuarta, María Ramona. Rosa tenía en su abono el esplendor de la tez, la perfección y la irreprochable plástica de su cuerpo pero la belleza de María Ramona llegó a ostentar un carácter tan expresivo y tan dramático, que era imposible mirarla con indiferencia. Para especificar el mérito de María Ramona, diré con qué mote la conocíamos. Siendo niña aún, el Penitenciario de Lugo, admirado de su cara pálida y perfecta como la de una imagen, y de sus ojazos guarnecidos con una rejilla de pestañas que parecían plumas de cuervo, la llamó Argos divina, nombre que un librote del siglo pasado da a la Virgen del camarín de la Catedral, más conocida por Nuestra señora de los ojos grandes.

Estas cuatro, Tula, Clara, Rosa y Argos divina, y la quinta, Constanza, eran las que ya gozaban del fuero de mujeres hechas y derechas. Las demás estaban en la categoría de niñas aún. Después de estos cinco pimpollos femeniles venía el varón, Froilancito, llamado así por devoción al santo patrono de Lugo (excuso decir que en Froilancito tenía yo cifradas mis esperanzas todas). Seguía a Froilán una niña muy revoltosa y diabólica, extravagante, mimosa, a quien conocíamos con el nombre de la primera de las virtudes teologales, Fe; por lo cual sus hermanas, empeñadas en hacerla rabiar siempre, no la llamaban más que Feúca (y la verdad es que no se pasaba de hermosa). Había luego dos chicuelas, Rosario y Mizucha (diminutivo de Mercedes), y, por último, el grupo de mi familia remataba, como esos racimos humanos que en los circos forman los gimnastas, en un saladísimo angelón la hembra de cinco años, que por haber caído su venida al mundo días antes o después de las Candelas, respondía al bonito y comprometido nombre de Pura. Los intervalos entre estos retoños los habían llenado diferentes malos partos, y los ángeles que perdí.

Del trabajo que costaba al familión encontrar casa donde alojarse, no hablaría aquí si no fuese por observar de paso que uno de los ramos más caros en Marineda es el de alquileres. Cuando por última vez bajo del desván la cuna, habitábamos una de las casas acabadas de construir en el Páramo de Solares, que unía al barrio de Arriba con el de Abajo y ya iba trocando el antiguo nombre por el de Plaza de Marihernández, pues tenía los lados de su rectángulo casi guarnecidos de construcciones, entre las cuales se contaba la casa de Correos, con su esquinal siempre helado, siempre barrido por la ventolera furiosa. Pertenecen las casas nuevas del páramo a esa clase de edificios que, pactando secretamente con el genio de la molestia y de la mezquindad, levantan el bienestar de oropel y el engañoso lujo moderno. El portal, embaldosado con rombos de mármol negro y blanco, ostentaba una portería ilusoria, pues no había ocurrido jamás que el infeliz visitador pudiese averiguar en ella dato alguno que le ahorrase la ascensión de los seis pisos. Estos se contaban con las falaces y sutiles distinciones madrileñas, destinadas a halagar la vanidad de los inquilinos haciéndoles tragar que viven en un segundo cuando realmente habitan un sexto. Para fomento de la susodicha vanidad, no faltaba mucho medallón de yeso, mucho rodapié pintado, mucho barniz, mucho chinero en el comedor, mucho papel estampado, mucha alcoba estucadita, y, en fin, mucho de todo eso que remeda la comodidad y aun la elegancia. En cambio, la distribución era lastimosa; los dormitorios estaban sacrificados al quiero y no puedo de la sala y el gabinete; los tabiques, mejor que a salvaguardar la independencia y el aislamiento que aun en el seno de la familia reclaman el pudor y la dignidad del individuo, parecían llamados a servir de conducto acústico, de tal manera se oía todo al través de ellos; en la antesala tenía que pedir permiso el que entraba al que abría la puerta, por no caber los dos juntos, y los pasillos, más que pasillos, semejaban intestinos ciegos. De las estrecheces de otras piezas muy necesarias, nada quiero decir sino que eran ocasionadas a percances harto ridículos. En lo que se había corrido el arquitecto, era en la altura de techos, haciéndola tan disparatada y fuera de proporción con la importancia de la vivienda, que yo pensaba para mí la gran lástima que era no poder tumbar nuestro piso dejándole de ancho lo que tenía de alto, y lamentaba que las camas de los niños no pudiesen ponerse como jaulas de pájaros, colgadas de las paredes.

Dos resultados daba esta altura de techos descomunal: el primero, que no había cortinas que alcanzasen y a todas fue preciso añadir una especie de volante o faldamentas; el segundo, que la cantidad de escaleras que subíamos para llegar a nuestro domicilio era capaz de poner enfermo del corazón a quien más sano lo tuviese. ¡Ah! Esto de la casa me había dado y siguió dándome mucho en qué pensar. Imaginé mil veces que la angostura en que vivíamos tuvo bastante culpa de habérsele agriado el genio a Ilduara. No hay nada que impaciente como vivir estrecho, físicamente comprimido. Y ese malestar lo habíamos de sentir doble los que veníamos de un pueblo como Lugo, más atrasado y barato que Marineda, y donde por ínfima renta se podía disfrutar de un caserón. Si mis hijas se conformasen con irse a vivir al Barrio de Arriba, la parte antigua y aristocrática de Marineda, podríamos encontrar refugio en algún edificio viejo, más o menos destartalado —pocos van quedando ya, pues Marineda se reconstruye toda de unos treinta años a esta parte—. ¡Pero váyales usted con eso a las niñas; impóngales usted que habiten en aquellos barrios desiertos, en la melancólica zona que comprende el Hospital militar, las iglesias románicas y el triste Jardín de amarillentas flores, colgado sobre el mar como un nido de gaviota y adornado, en vez de fuentes y estatuas, con un sepulcro! No hubo más remedio sino ir acercándose al Barrio de Abajo, centro del comercio, de las distracciones y de la vida marinedina. Lo que decían las pobres muchachas: —Si una no puede salir, al menos se asoma a la galería y ve pasar la gente—. Para complacerlas, nos apretamos y nos desprendimos de los pocos muebles que aún recordaban los esplendores de la casa solariega. ¡Ay! ¡Qué desplumado se iba quedando el aguilucho aquel de nuestro blasón!

Así vivíamos, como sardina en banasta. Para mí, la civilización, los adelantos de la edad moderna, tomaron desde el primer distante forma... ¿cómo diré? forma asfixiadora. En Villalba y Lugo, sobrábale a nuestro cuerpo espacio donde moverse, aire que respirar, alimentos con que sustentarse y leña para quemar durante el invierno. En Marineda todo venía con estrecha medida y tasa, todo mermado por la angustia del bolsillo, que se echaba a temblar ante las cuentas. Ilduara solía repetir: ¡tiento!, ¡mucho tiento! Ninguna de estas circunstancias era a propósito para reconciliarme con la nueva vida. Mas si a todo me avenía con tal que no se alterase la paz doméstica, en un punto no supe allanarme a las circunstancias, y si en este punto me contrariasen, capaz sería de dar al traste con mi condición bonachona y de lanzarme a la revolución. Este punto era... convengo en la puerilidad del caso... que yo no quise, no pude, no supe acostumbrarme al pan marinedino, amasado con harinas de afuera, importadas de Santander. En balde me objetaban que peor era aún el agua que el pan; que este, en suma, si no por exquisito, pasaba por tolerable; yo lo declaraba un asco, un veneno, y le echaba la culpa de todas las enfermedades novísimas —tuberculosis, difteria, reblandecimiento, diabetes—. No me dijesen a mí: ¿pues quién oyó, veinte años hace, mentar semejantes padecimientos? Cuando se comía el honrado trigo mariñán y el no menos honrado centeno montañés, nadie padecía de esas enfermedades solapadas y traidores. Fiel a mi convicción, todos los miércoles y sábados, que son en Marineda los días de mercado, una panadera rural, venida desde la inmediata aldeíta de la Erbeda, a lomos de ágil borriquillo, entregaba en mi casa un reverendo mollete, cortezudo, bazo, a medio cocer, para que pesase más; y al hincarle el diente, no me trocara yo por el rey de España. Sería un capricho mío esto del pan de la Erbeda, pero también podría ser el instinto del propietario territorial, que en la introducción de las harinas forasteras presentía la quiebra de nuestros míseros cereales.

No fue este el único alarde de independencia, la única manifestación de personalidad que me permití, a riesgo de concitar las iras de mi Ilduara. A la verdad, tampoco quisiera que se creyese que Ilduara no me consentía, con su cuenta y razón, hacer mi gusto. Yo había contraído el hábito de entretener parte de la noche en la Sociedad de Amigos de Marineda. ¡Sombra de mi Ilduara, no te vuelvas hacia mí, ceñuda y destellando indignación! Lo que me llevaba allí era el profundo e inefable deseo de libertad.

¡Oh nombre dulce entre todos, qué música misteriosa encerrarán tus tres sílabas para que así hechices nuestra alma! Es evidente, y lo afirmo con sinceridad de hombre de bien, que yo no tenía ni quería tener pensamiento, palabra ni obra cuyo último fin no fuesen las cuatro paredes de mi hogar; que al encerrar en él mis aspiraciones encerré también mi ternura; que por cuanto oro hay en el mundo, no rompería un solo eslabón de la sagrada cadena que me echaban al cuello mis deberes de esposo y padre. Pues con ser esto tanta verdad, no lo es menos que la cadena que no quería romper, me encantaba levantarla un ratito y no sentir su peso; que ese hogar donde tenía depositado acendradísimo amor, me hacía feliz perderlo de vista dos o tres horas; y que, fanático de mi casa, me gustaba la Sociedad de los Amigos porque... porque no era mi casa, precisamente.

Reflexionando sobre los casinos, círculos y sociedades, he caído en la cuenta de que, con mis gravísimos defectos ¡vaya si son graves!, tienen ventajas suficientes para que no se deba pensar en suprimirlos, (al menos mientras no se perfeccione bastante la institución matrimonial); y entre ellas, la de hacerlo a uno olvidar las penalidades domésticas. A los pobres diablos como yo, que ni se pueden solazar con las grandes concepciones del arte ni chapuzarse hasta la coronilla en las hondas corrientes de la ciencia, y tampoco han de buscar en el trabajo manual la fatiga que trae la sedación del sueño, quíteles usted esta válvula, y capaces son de pegar un estallido. ¿Quién sabe? Si las mujeres pudiesen gozar del mismo desahogo, quizá no tomase nunca su carácter la acritud y displicencia que desgraciadamente adquirió el de mi esposa. El encierro atiranta los nervios. La familia, foco dulcísimo de calor, pero que a veces tuesta y sofoca, para los hombres tiene una ventanita que da aire respirable. Sin ese aire, la atmósfera se carga, la electricidad se condensa y la tormenta es inminente.

Con anuencia tácita de mi esposa, pasaba yo en la Sociedad de Amigos unas horitas algo retasadas, pero entretenidas, aperitivas, excitantes hasta por el estímulo de la oposición y contrariedad entre mi genio y el de la mayor parte de los concurrentes a aquel Centro —el que en Marineda reunía más gente granada por lo cual tenía sus ínfulas y se preciaba de no admitir a cualquiera—. Yo allí me sentía bien, aun cuando experimentaba, en lo moral, una impresión parecida a la que en lo físico me causaba el ponerme delante de un espejo: encontrábame algo anticuado, retrasado en ideas y gustos, y muy distante del aplomo, resolución, dogmatismo de opiniones y arrojo en la lucha por la existencia que creía notar en los demás. Por eso en las discusiones me mostraba tímido: apenas me atrevía a meter cucharada, prefiriendo los apartes en la sala de lectura o en algún sofá, a las grandes polémicas en que terciaban, hablando a voces y sin entenderse, más de una docena de socios.

En aquellas grescas cotidianas, que siempre tenían por origen cualquier futesa —pues no he visto discutir sobre la punta de un alfiler como allí se discutía— no dejaba de divertirme el papel de escucha; y más si se discutiese con modo, y no tan aturdidamente, que no valían argumentos ni razones y se llevaba el gato al agua quien vociferase más. Gimnasia de pulmones y derroches de laringe. Otra cosa desagradable: allí se hablaba con libertad excesiva, por no decir con soberana desvergüenza. Todas las interjecciones y palabrotas del idioma español salían a relucir; el anfiteatro de disección estaba siempre abierto, siempre preparadas las mesas y afilados los escalpelos y bisturíes. Allí se contaba, se comentaba y se exageraba cuanto ocurría en Marineda: las honras se hacían añicos, las más veces sin dañino propósito, bien como las olas del mar, por la sola virtud de su maquinal embate, minan los cimientos de una torre. Falta de miramiento es lo que había en la Sociedad de Amigos de Marineda y en otros muchos centros análogos. Y entiéndase que esta palabra miramiento, que yo empleo muy a menudo, encierra multitud de conceptos; es la fórmula del respeto a infinidad de cosas respetables, que la gente moderna propende a desacatar: honra de la mujer, creencias religiosas, principio de autoridad en las sociedades y las familias... sacras ideas en las cuales se funda muestra vida moral. Lo confieso: si generalmente procuraba oír como quien oye llover las atrocidades que se decían en la Sociedad, a veces también montaba en cólera y protestaba indignado. Y estos breves momentos de enojo (véase qué extraña es la condición humana) eran de lo que más me apegaba al salón de los Amigos. En mi hogar solo tenía el derecho de enfadarse mi dulce costilla. Siquiera en la Sociedad me dejaban derramar la bilis. En tales momentos me creía más hombre. ¡Qué descansado me quedaba después, y con cuánto alivio subía las escaleras de mi casa!

Sí; la Sociedad de Amigos había llegado a serme tan indispensable como el aire que respiramos. ¿Dónde sino allí encontraba yo a los cuatro o seis conocidos que ayudaban con su amena conversación a disipar las sombras que acumulaban en mi espíritu las inevitables preocupaciones caseras? ¿Cómo evaluar la suma de bien que me hacían las sensatas razones de Mauro Pareja, a quien propios y extraños conocen por el Abad; las lucubraciones profundas de Arturito Cáñamo, lumbrera de la ciencia penal española; las graciosas chifladuras del insigne matemático Díaz del Alimón; la inspiración irrestañable del frondoso poeta Ciriano de la Luna, y las donosísimas humoradas de Primo Cova, siempre oportuno y regocijado, capaz de extraer el bálsamo de la risa de las tablas de un ataúd? ¡Oh caros contertulios, cuánto os ha debido de consuelo mi atribulado espíritu durante los momentos de angustia que sobran en este valle de lágrimas!

Aunque no aparezca bullicioso, soy sociable, amigo de la conversación y de la broma; desde mis tiempos de estudiante me acostumbré a la pandilla, al compañerismo, a vivir de prestado sobre la alegría, la cháchara y el buen humor ajeno, y nunca se ha apoderado de mí la negra misantropía, el tedio de la humanidad. Y no omitiré, entre los encantos que para mí tenía la Sociedad de Amigos, la relativa anchura de sus salones, comparada con la exigüidad de mi vivienda. Por último... en la Sociedad de Amigos yo satisfacía un hábito vicioso, el único, según creo, que se ha aposentado en mi alma: mi afición al tresillo.

III

Tenía muy mal naipe. Generalmente, al final de la temporada me encontraba con un mediano déficit en los escasos fondos que para el bolsillo me
otorgaba mi prudente esposa. La cual era dueña absoluta de la llave de la
gaveta, o dígase de la cómoda donde guardábamos el dinero... Costábame
trabajo confesar mis pérdidas; y por eso (lo escribo con rubor) me reservé
el importe de ciertas pensiones que se me abonaban por conducto de un
procurador amigo mío, a fin de poder asegurar a Ilduara que habíamos salido de la temporada pie con bola. Asusta pensar de lo que hubiera sido yo
capaz, a dominarme otras pasiones menos inocentes que la del tresillo. La
ocultación de las pensiones demuestra que no es oro todo lo que reluce en
mi hombría de bien.

Hacía ya un mes que la cuna había vuelto a salir del desván, y, limpia de
telarañas, ocupaba un rincón de nuestra reducida alcoba, cuando mi esposa
dio en mostrarse peor humorada que nunca, y en renegar de su estado, que
ella afirmaba no haber sido jamás tan penoso, quejándose de síntomas extraños, de inusitado peso y volumen, de raras perturbaciones y de anormales
sufrimientos. Por esparcir mi ánimo acongojado, frecuenté más la Sociedad
de Amigos, y justamente entonces apretó mi mala suerte en el juego. Racha
tan fatal, no la recordaba nadie. Me vi en la precisión de confesar a mi mitad
las reiteradas pérdidas. Solía Ilda ponerme como un trapo en ocasiones
semejantes; pero observé con sorpresa que prefería verme salir y jugar, a
que me quedase en casa, asistiendo a la tertulia que formaban mis hijas con
la vecina del principal y los del tercero de la derecha. Aprovechando benig-
nidad tan desusada, me cebé en la partida con el afán del desquite, que así
acudía al febril ruletero, como al morigerado tresillista.

Casi todo el mes de octubre estuve tan de malas, que alrededor de
nuestra mesa se formó un corro alborozado, solo para jalear mi perra suerte.
Me crucificaban a chistes. Estas bromitas llegaban a veces a sacarme de
mis casillas; peor para mí, pues las guasas llovían más espesas. Una de las
estúpidas matracas favoritas, era la de suponerme felicísimo en empresas
galantes, por aquello de «afortunado en amores», etc. Si esta chanza se
contuviese en justos límites, anda con Dios; pero la llevaban a tal extremo y
la adornaban con pormenores tan feos y chabacanos, que serían capaces

de ruborizar a los bustos de piedra del paseo de las Filas. Aquella gente se relamía de gusto oyendo las impertinencias de Primo Cova, bufón de la Sociedad. Descuajábanse de risa al asegurar Primo que me había visto con sus propios ojos, al anochecer, atravesando la calle del Varadero (la más sospechosita de Marineda), muy embozado y en compañía de la graciosa modista B o la salada cigarrera H. Últimamente el pesado guasón daba en la flor de embromarme con la venia del principal, la esposa del comandante del regimiento de Otumba... y aunque el marido, un colosal asturianazo, andaba por allí dando vueltas, no había modo de conseguir que Cova pusiese término a crianza tan inconveniente.

Cierta noche —¡noche memorable!— me dirigió una sonrisa la coqueta de la suerte, en forma de solo de esos llamados de Fernando Séptimo. Seis triunfos de espada, mala, rey, caballo, en palo corto; dos fallos y un monarca. Imperdible. Mi cara lo estaba proclamando a voces; mis ojos bailaban de gusto, y mis manos temblaban ligeramente, estrujando contra el pecho el haz de cartas. Para mayor fortuna andaban en el platillo dos puestas gemelas, encimadas —al tanto a que se jugaba, representarían un duro.

Ante todo importa declarar que no era solo el vil interés causa de la placentera excitación que me obligaba a teclear sobre las cartas y sonreír de júbilo. No se me estaban pudriendo en el bolsillo los pesos; sin embargo, lo que irradiaba triunfalmente en mis pupilas era el puro e ideal deleite de la victoria. Era el amor propio, interesado en chafar a los majaderos mirones que me acribillaban a chirigotas. Por ellos, por ellos me alegraba. ¡Condenados! Yo creo que aquellos malditos, sospechando la condición suspicaz de mi Ilduara, tenían gusto en propalar ciertos absurdos a fin de producirme desazones.

—¡Tienda usted las cartas, hombre! —me decía el coronel de ingenieros Díaz del Alimón—. ¡Si es rodado! ¡Qué carabina!

—No —respondía yo alardeando de modestia para disimular el gozo—. Jugarlo, señores, jugarlo, que no sabemos todavía... Si la contra está en una sola mano... Salgo de espada... no me la fallen ustedes... (la gracia de esta agudeza, que suele repetirse por término medio quince veces cada noche, solo pueden percibirla los que conocen la marcha del tresillo).

Convencidos de la infalibilidad del coronel de ingenieros, autoridad en la materia (aunque por economía no jugase jamás) y espejo de la ciencia matemática, los compañeros se rindieron, y volqué en mi exangüe cesto el platillo repleto de fichas. Dieron nuevamente, y... ¡ah, qué brinco pegó mi corazón de tresillista! Otro solo, morrocotudo, un solo que pararía en bola quizá.

—¿Don Benicio? —articuló a mis espaldas una voz sumisa y oficiosa.

—¿Eh? ¿Es por mí? ¿Qué se ofrece? —respondí sin volver la cabeza, por no distraerme en momentos tan dulces.

¡Implacables mirones! Ellos fueron los que gritaron, llenos de feroz contento:

—Es el mozo, que quiere hablar con usted... ¡Cómo se ceba en las ganancias este hombre!

Me volví.

—¿Qué hay, Antón?

—Una joven, que pregunta por usted.

¡Cristo, qué alboroto! Tuve que alzar la voz y exclamar.

—¡Tengan ustedes miramientoooo...! ¿A ver? ¿Por mí? ¿Una joven?

—Sí, señor... Una chica así... bastante simpática, no despreciando. Dice que es la de usted...

—¿La mía? Cuidado con lo que se habla... ¿La mía? ¿Qué es eso de la míiiiaaa?

Expectación.

—Ella dijo así... Y que se llama Eduarda.

—¡Acabáramos! La criada, señores... Ya me parecía... Pregúntele, Antón, a ver, qué ocurre... ¡Eh, sigamos el juego!... Tres bazas... y arrastro...

No podía dudarse, era una bola. Sí, una bola, de esas que bien llevadas no las corta ni el verbo. Estaba en lo más comprometido de la jugada, cuando he aquí que vuelve el mozo, arrastrando los pies.

—Señor, que vaya usted a casa... La señora, su mujer, está con dolores.

¡Con dolores!... ¡Ah, conocidísima frase! Sí; eran los dolores clásicos, los dolores por antonomasia, los únicos que no necesitan más calificativo: los dolores... Recordé. A la hora de comer y por la tarde, Ilduara ya se había quejado, no muy fuerte, pero varias veces. Mas a los veteranos en estas lides no incruentas, nos sucede lo mismo que a los de otras cruentísimas:

nos dormimos sobre el cañón cargado, fumamos sobre el barril de pólvora, y disfrutamos del más regalado descuido momentos antes de la batalla. Mi mujer con los dolores... ¡Pobrecita! Bueno...: El mozo insistió.

—Con dolores... vamos, de parir.

Toda la Sociedad soltó la carcajada. Creo que se rieron hasta las alfombras y las fichas del tresillo.

—Esas tenemos, ¿eh? ¿Aumento de familia? Don Benicio... ¡Pillín! Pero ¿cuándo se jubila usted con el haber que por clasificación le corresponde? ¿Chiquillos a estas alturas?

—Digo que es una inmoralidad... Debía prohibirse... Raya en desvergüenza.

—Hombre, que le pensione a usted el Estado... ¿De qué taberna gasta usted el vino? Queremos las señas... (Esto fue Primo Cova).

—Miramiento, señores... Permítanme dar un recado al mozo... —exclamé con desconsuelo, porque faltaban dos bazas no más para ganar aquella bola suspiradísima—. Oiga... dígale que voy ahora mismo... Que vaya avisando al señor de Moragas, ¿eh? Al médico, para que se haga cargo.

—¡Hombre, qué lástima! —exclamó uno de los tresillistas, el secretario del Gobierno civil—. Ahí estaba Moragas no hace un cuarto de hora en el salón de lectura.

—Sí, pero son las diez y media largas —detallé—; ya se recogió a casa, de seguro— objetó el Comandante del puerto.

Todos aprobaron. En Marineda, y particularmente en aquel foco de hablillas que se llama la Sociedad de Amigos, sábese puntualmente a qué hora está cada quisque en su domicilio o en el ajeno, sin que en el cálculo de probabilidades quepa más error que el de minutos arriba o abajo. A no mediar caso análogo al mío, Moragas se encontraría en su alcoba, leyendo, para conciliar el sueño, alguna revista francesa: hasta de esta clase de pormenores estábamos al corriente. Seguro, pues, de que la fámula acertaría con el comadrón y este correría a mi casa, me creí con derecho a terminar la jugada, que, según mis presentimientos, resultó bola. Alguien me preguntó si liquidaba: ¡liquidar! el favor de la suerte me embriagaba de tal modo, que manifesté deseos de dar un par de vueltecillas más, hasta sacar todas las puestas. A la verdad, también me satisfacía tener un pretexto para dilatar el regreso adonde me esperaba una escena siempre desagradable; desacostumbrado ya de ella por el largo interregno, me infundía ahora ese sentimiento que yo llamaría pavor doméstico, miedo que cobramos a ciertos deberes y actos de la vida familiar, y que tal vez no es sino una forma del hastío. Y al mismo tiempo que me dejaba dominar por la cobardía, sin ver que las más elementales nociones del deber conyugal me llamaban al lado de Ilda, deseaba aturdirme, matar la fiebre de mi emoción con el choque de las fichas y el zumbido de la charla.

—Cerca de treinta años hace que me casé, señores, y he visto nacer diez y seis hijos, sin contar el que está llamando a la puerta.

Felicitaciones, vítores.

—Pero no me viven todos. Solo conservo diez. Los otros... —esto debí de decirlo con los ojos algo húmedos y la voz ronca— andarán allá pidiendo por mí... Crean ustedes que, desde el tercero, preferiría uno que no viniesen; pero si uno los ve aquí, no desea que se vayan. Sobre todo, el de la desgracia, el mayorcito, Moncho... señores, me dejó unos recuerdos... es decir, empezaba a deletrear... ¡Juego! Una entradita...

Gané una jugada magnífica, y la satisfacción me puso más excitado. Proseguí:

—A mí nadie me quita de la cabeza que aquella criatura, si no llega a desgraciarse, honra a la familia... ¡Era mucho despejo el suyo!

A esto contestó Mauro Pareja, por sobrenombre el Abad, que acababa de entrar y miraba por cima de mi hombro el juego.

—Señor de Neira, más valió que se le muriese a usted ese niño de tantísimo talento, que sus preciosas hijas. Al menos, nosotros los solteros opinamos así.

Se alzó un clamor aprobando el parecer del Abad y a renglón seguido acercose a la mesa mi vecino el comandante de Otumba, a quien la noticia de mi nueva paternidad traía desde el cuarto de lectura a darme la enhorabuena. Y para repetir los términos en que me la dio el bueno de don Tomás Llanes, yo me vería en mediano apuro, si no recordase cómo su propia esposa explicaba aquel modo pintoresco de hablar, diciendo que su marido, al despertarse, lo primero que soltaba era una colección de peinetas y otra de moños.

Don Tomás, que tenía las proporciones y el aspecto de un oso velludo, de aquellos que se merendaron al rey astur, acercose a mí y dándome, con su finura acostumbrada, una palmadaza en el hombro, exclamó:

—Moño, y qué suerte de hombre... Peineta, otro chiquitín... y con veinticuatro lo menos que ha tenido ya... ¡Moño, y para los demás ninguno! ¡Yo que llevo diez años de casado, y ni noticia!

—¿Y eso, qué? —respondí demostrando fe inquebrantable en la fecundidad humana—. Ya cuajará... Mire usted, por mi casa hubo años estériles... y también tuvimos fracasos...

—¿Eso más? —preguntó Primo Cova—. Pero hombre, usted cultiva todas las formas de la paternidad, incluso la frustrada... la tentativa de paternidad.

Acababa de sacar otra puesta, y de buen humor con este triunfo, respondí:

—Tan cierto eso, que hasta tuvimos un embarazo falso... Se armó una greguería, y hube de dar explicaciones a los solteros, que se fingían asustados.

—Era lo que llaman una mole, señores... una mole... un pedazo de carne, sin hechura, sin ojos, sin cabeza...

No sé en qué pararían las risotadas que arrancó este boceto, a no haber distraído la atención un incidente, una disputa entre tresillistas y mirones.

—¿Pero cómo juega usted, Domingo, hombre? ¿No está usted viendo que ahí el arrastrar de bajo es una barbaridad?

—Manía de meterse en negocios ajenos. Si sabré lo que me hago, sin necesidad de que me aconsejen.

—Así dicen todos los chambones. Si solo se perjudicase usted, corriente. Pero hace usted daño a los compañeros. Es una calamidad el que usted tenga que ir a la contra.

—Esas apreciaciones...

—Nada, yo soy así; antes que todo la franqueza.

—Cualquiera es franco metiéndose en camisa de once varas...

—Hay que pensar lo que se dice...

—¡Moño! ¡Peineta! Señores...

—¡Señores... miramiento, miramiento! —intervine yo, pues no gusta ver a dos personas regulares, o por lo menos obligadas a serlo, poniéndose como un trapo por si debieron soltar la sota y largaron el siete, verbigracia. La discusión empeñaba a aplacarse, cuando he aquí que el mozo, arrastrando los pies y con aquella cara de memo malicioso que hacía la felicidad de Primo Cova, entró y se acercó a mí, murmurando misteriosamente:

—Señor... Señor Neira... Está ahí su chica...

Me volví sobresaltado, restituido a la conciencia de mi deber.

—¿Qué... qué pasa? Voy, voy...

—Dice... —secreteó el mozo— que la señora, su mujer... ya... ya salió de apuros, vamos...

Respiré anchamente. ¡Tan pronto! Mejor, mejor; ya estamos fuera del paso: ¡gracias, San Ramón de mi vida! Entre el coro de plácemes, alcé la voz para preguntar:

—¿Te dijo si era niño o niña?

El mozo me miró con ojos que parecían los de un pez, y articuló soñolientamente:

—Dice que tiene una niña...

Los solteros vinieron a darme la mano, a sacudírmela con gran énfasis, y a repetir:

—Dentro de veinte años... cuente usted conmigo, don Benicio, cuente usted conmigo.

—Aunque sea dentro de quince —murmuró reposadamente el Abad.

—Aunque sea dentro de trece —balbució el sonámbulo Díaz del Alimón, aficionado al pan tierno.

Cuando me dejaron respirar, exclamé dirigiéndome al mozo que seguía allí hecho un poste:

—¿Estás seguro de que dijo niña?

Y entonces... ¡oh cielo pródigo, cielo que no mides, ni tasas, ni regateas los bienes de este mundo; cielo que siembras tus dádivas como quien siembra alcacer!... el mozo, columpiándose y sin alzar la voz, respondió:

—Dijo una niña, sí señor... y que vaya allá enseguida, que va a nacer otra.

¡Naturaleza, naturaleza! Me quedé lo mismo que el náufrago cuando una ola le zapatea contra el casco del buque. ¡Un parto doble! Me iluminó como luz fatídica el recuerdo de aquellos extraños fenómenos que contaba Ilda, de aquellos padecimientos raros, de aquella anormal gravidez. ¡Un parto doble! ¡Géminis!

Al verme en la calle, corrí como un loco. Y entre el desorden de mis pensamientos y la muchedumbre de mis cuidados, predominaban los siguientes:

—Hay que comprar otra cuna... hay que buscar dos amas... ¿Y dónde duermen, santo Dios? ¿Dónde? Lo dicho: como no se invente colgar las camas por la pared...

IV

Cuando empecé a ascender fatigosamente las escaleras de mi casa, subía delante de mí la mujer del oso, la comandante de Otumba, doña Milagros. Ya sabemos que marido y mujer eran nuestros vecinos, solo que vivían menos alto que nosotros, y no disfrutaban de tan hermosa vista al mar. Por cierto que de esta vista nació la intimidad de doña Milagros en mi casa, pues iba a extasiarse, las tardes que hacía bueno, con aquella gloria de Dios.

—Como en mi pueblo —decía. Y enseguida añadía indefectiblemente—: Porque ya sabrán ustés que yo soy gaditana.

No creo atentar a la fidelidad que debí a mi Ilduara querida, si reconozco que la señora de Llanes me pareció entonces, más que de costumbre, y acaso por contraste con la gente que dejaba en la Sociedad de Amigos, un objeto muy grato de contemplar. No diré que la comandanta fuese una belleza acabada y sorprendente, pero poseía en grado altísimo ese don de su raza que se conoce por sandunga. Hasta sus defectillos eran de los que prenden y enganchan la voluntad mejor que las perfecciones clásicas. La sombra oscura sobre el labio superior, carnosito y de un rosa algo pálido; el lunar castaño con cerdas rizadas en el carrillo izquierdo; la abultada cadera, las ojeras cárdenas y la voz gruesa y un tanto bronca, no acierto a decir si la desmejoraban, o si, por el contrario, la hacían seductora en grado sumo. Estos puntos yo los había oído debatir en la Sociedad de Amigos con gran calor, cuando el maridazo volvía la espalda, pues doña Milagros era mujer muy discutida, y no caía sobre ella ese olvido indiferente en que envuelven los varones a las hembras que no excitan su malsana curiosidad.

Mientras la señora subía la escalera, añadiré que siempre que en la Sociedad se trataba de doña Milagros, o se me daban con ella bromas inconvenientes, yo sufría. En torno de la comandante existía una atmósfera que me causaba enojo, persuadido como estaba de que todo eran injusticias y hablillas, sin más base que los pruritos de la maledicencia. Cada vez que veía a aquella excelente señora y adivinaba la franqueza de su carácter y la bondad de su corazón, experimentaba un sentimiento de lástima. ¿Lo habría adivinado la pobre? Porque me demostraba a su vez una simpatía, una inclinación honesta, una particular deferencia halagadora, que no sabía yo a qué atribuir. Y es el caso que mi Ilduara, sea que esas voces maldicientes hubiesen llegado hasta ella, sea que las bondades de doña Milagros para mí la alarmasen, profesaba a la graciosa comandanta ojeriza tanto más tenaz, cuanto que la disimulaba bajo apariencias engañosamente cordiales, y solo la desahogaba con pasajeras indicaciones, rápidas y agudas como saetas. De cuanto se murmuraba acerca de la comandante, lo que más recogía mi esposa eran los rumores sobre origen plebeyo. Lamento tener que descubrir estas flaquezas de mi Ilda: cuando llegamos a Marineda, supuso que todo el aristocrático barrio de Arriba iba a dejarse caer en peso en nuestra mansión, para atendernos y festejarnos: mas nada de esto ocurrió, y los moradores de los cuatro o seis edificios blasonados que en Marineda se conservan aún, no hicieron el menor caso de nosotros, pobres hidalgüelos de gotera, quedándose reducidas nuestras relaciones a las que ofrecía la vecindad, y a dos o tres familias procedentes de Lugo, que se enteraron de que existíamos. Esta herida de amor propio se le enconó a Ilda, y en vez de buscar a toda costa relaciones, volviose más relamida, tiesa y difícil, dándose a inquirir los antecedentes de las personas que nos trataban. Doña Milagros tenía su expediente en regla.

—Pero esposa —decía yo en tono conciliador—, ¿qué sabes tú de malo respecto a doña Milagros? A mí me parece una señora como todas las demás; es mujer de un comandante; su categoría social la permite rozarse con lo mejorcito.

Mi mujer fruncía el entrecejo, apretaba los labios y rezongaba no sé qué de un puesto de verdura en el mercado de Chipiona, donde la madre o la tía carnal de doña Milagros... no consta cuál de las dos...

—¡Mujer, cada uno es hijo de sus obras... el trabajar no deshonra, y el vender berzas no es oficio infamante!

—Pues traeremos a casa a las verduleras para que traten con tus niñas, si te parece —respondía echando lumbres mi mitad.

—Ilda querida... No es eso. Si doña Milagros vendiese berzas hoy, corriente... Pero en el día es la mujer de su marido, y, por lo mismo, una señora.

Hasta para ese argumento, al parecer concluyente, tenía respuesta Ilda.

—Señora, señora... A saber, a saber... Estas gentes que vienen así, de donde Cristo dio las tres voces... A luengas tierras, luengas mentiras... Han estado en Ultramar, allá en Cuba... (A mi mujer la escamaban muchísimo los que habían estado en Ultramar, y los juzgaba ipso facto trapisondistas). A ver, hijo del alma (cuando mi mujer me daba este dulce nombre, era para hacerme sentir mejor el peso de su cólera), a ver, tú que tanto cargas en lo del señorío, ¿estás bien seguro de que son marido y mujer verdaderos?

Y, en efecto, no podía yo tener lo que se llama certeza absoluta, no habiendo asistido a las bodas ni visto los registros parroquiales. Juraría, así y todo, que no existía allí ni sombra de contrabando. Mi mujer comprendía, a pesar de mi silencio, que no se me comunicaba su escepticismo, y añadía enrabiada.

—Y además, hombre, ¡qué gente tan ordinaria! ¡Cómo se les ve que son señores hechos a puñetazos! Él habla igual que un carretero y tiene pelos hasta en el paladar; ella parece una cualquier cosa, con aquel meneo tan descarado que lleva por la calle. Así es que todo el mundo se la atreve, porque la confunden con una tía pindonga. He de salir yo cien veces a misa, y nadie me seguirá, de fijo; y a ella el otro día la iba siguiendo Baltasar Sobrado. ¡No me lo niegues, que yo lo vi!

Lejos de mí el pensamiento de negar semejante noticia; para aquietar a Ilduara, exhalaba una especie de gruñido de conformidad.

—No, no tengas miedo de que persigan así a una mujer de bien... Lo que es a mí... ¡A mí no se me atreven!

¿Y quién había de atrevérsete ¡oh Ilduara mía! con aquel gesto tuyo y aquel entrecejo y aquella austeridad de líneas que alejaba todo pensamiento profano? En eso sí que estuvimos acordes, mujer incomparable.

—En fin, son gentecilla; él huele a cuchara, y lo que es ella, no quiero pensar a qué huele...

Temeroso de que mi esposa cometiese con el matrimonio Llanes algún exabrupto no me metía en defensas, mantuve mi acostumbrado sistema de decir amén a todo. Allá en mi interior, esta inicua confabulación dentro y fuera de mi casa contra una persona a quien no veía hacer nada malo, me infundía mayor interés hacia ella. Muy bajito, protestaba contra las necedades y preocupaciones del mundo, que no se contenta con que una mujer sea noble y servicial, sino que además la exige que al andar no columpie las caderas, y que sus tías no vendan zanahorias.

Porque aquella doña Milagros tan duramente juzgada; aquella bendita señora, objeto de comentarios tan poco caritativos, era una criatura de bondad, que se desvivía por encontrar manera de servir de algo a sus semejantes, y en particular a los vecinos. Pronta y fogosa para todo, nadie tan capaz de sacrificarse con verdadera abnegación por lo que no le iba ni le venía. Se lo hice observar tímidamente a Ilduara.

—Mujer, la debemos un ciento de favores.

—Nadie se los ha pedido —contestaba Ilda con acento que parecía el ruido de un ascua encendida al caer en el agua.

Al encontrármela yo en la escalera, doña Milagros subía con brioso taconeo, haciendo vibrar los peldaños, de prisa, como persona a quien no pesan aún la edad ni las carnes, a pesar de hallarse estas en condiciones de lozanía muy apetecibles y simpáticas, y alcanzar todo el turgente desarrollo que requiere la hermosura femenil. Siguiendo con la vista la alternativa de la claridad de la suela y la negrura del zapatito que calzaba el pie meridional de la señora, me distraje de aquella pavorosa perspectiva de las amas por partida doble, pensando que era lástima que mi Ilduara no reuniese, a su aire digno, algo de la morbidez de la señora de Llanes. Mientras se ocurrían estos pensamientos, los tacones diminutos confirmaban produciendo agradable repique sobre la escalera. Cerca ya de la puerta de mi piso, doña Milagros notó que alguien subía detrás, se volvió rápidamente, y me saludó con efusión que rayaba en exaltada ternura.

—¡Ay don Benisio del arma!... Mare mía de la Consolación... ¡Ay!, ¿pero usted sabe lo suseío? Si es un milagro e los grandes... ¡Grasia a Dió que ha venío usté! ¡Jesú, hombre! Si ya creí que se nos quedaba poallá, sin vení a ve la sal del mundo, la cosa más chistosa... ¡Ay qué envidia le tengo a su mujé, santo varón! Monáa como las tales gemeliyas... ¡Por unas así daba yo sangre e la vena!... ¡No etiman la suerte argunas!... ¡Es usté un cabayero, don Benisio!

Al oír estos dichos, propios de tan apasionada señora, reparé que llevaba las manos ocupadas con un sinnúmero de objetos; tiras de lienzo, tabletas de chocolate, una cazuelita chica, una maquinilla de esas de hervir agua con alcohol, un cucurucho, no sé qué más cachivaches...

—Pues apenas va usted cargada.

–Quia, hombre... Menuensias que hasen farta en casos como estos... Yo nunca me vi en ellos, por mi suerte desdichá; pero con la afisión a los chicos, tengo ya más práctica... En cuanto supe que yegaba el lanse, arriba me planté, a ofreserme pa to lo que haga farta, con confiansa, como si fuese de la familia, lo mismito. Más veses yevo subío y bajao...

El sobrealiento de la señora probaba su afirmación, y al verla así, tan cordial, tan cariñosa conmigo, no fui dueño de contener la gratitud que se me subía a la garganta, y murmuré alargando las manos.

–Doña Milagros... es usted muy buena.

Ella, no menos conmovida, quiso y no pudo echarme un brazo al cuello, murmurando.

–Cáyese usté. ¡Vaya unas bondaes, cristiano! Ea, cargue usted con este artilugio. (Y entregó la maquinilla). Andando, andando, que no estamos pa paliques.

No fue preciso tocar a la campanilla. Como si detrás de mi puerta nos acechase un ser invisible, entreabriose calladamente y apareció la nariz de mi hija mayor, Tula, cuyos ojos, que no por denigrarlos sino por definir su especial mirada, he comparado a los de una lechuza, se clavaron en la comandanta y en mí. Y por entre el hueco de la puerta y de la persona de Tula se deslizó Feíta, deteniendo a doña Milagros, que iba a entrar como una manga de agua o un ciclón, y diciendo: «¡Chist! Cuidado con meter bulla, por causa de mamá».

–Aquí tenéis espliego –dijo la señora entregando a Tula el cucurucho–. Sahúma, hija, sahúma, que es lo ma sano pa las parías... Toma la estufilla: verá tú como en un verbo hasemo agua santa, agua paná, agua de tilo...

Cortó la inspiración hidráulica de la buena señora la aparición de otros dos vástagos míos, Clara y Constanza, con lo cual la antesala quedó de suerte que no nos podíamos revolver. Y detrás apareció Rosa, emperejilada según costumbre, con su cara deslumbradora, y una dalia prendida detrás de la oreja. ¡Para dalias estábamos!

–¡Dos niñas, papá! ¡Dos niñas! –exclamó con diferentes entonaciones el coro femenil.

–¡Dos niñas! –repetí, sin que otra cosa se me ocurriese–. ¿Y mamá, qué tal?

Feíta se adelantó, me cogió de la manga, y en voz apagada y discreta, voz de enfermera, murmuró:

—Dice el señor de Moragas que bien... Ahora dormita... Venga, papá; venga a ver la cucada, la gracia del mundo, las gatiñas recién nacidas... Las estábamos lavando... ¡Si viese qué idénticas!... Como dos gotas. Más lindas... El señor de Moragas está ahí; pero se va a largar, que tiene que hacer...

Entré de puntillas, no en la alcoba conyugal, por respetar el sueño de mi esposa, sino en el gabinete que confinaba con ella. Moragas salió a recibirme, felicitándome en un tono en que discerní compasión y algo de chunga. ¡Malditas casas pequeñas, sin comodidad ni desahogo! Allí mismo, en el gabinete, entre el armario de Luna y el sofá, se había tenido que extender una sábana, y sobre ella, en un lebrillo lleno de agua tibia, mi hija Argos y la criada lavaban a las gemelas, palpando torpemente los cuerpos blandujos. No se entendían para fajarlas; y sin consultar mi voluntad, me pusieron una en cada brazo, envueltas en la toalla húmeda.

—¿Eh? ¡Qué bonitas! ¡Qué iguales! La que nació primero es esta; tiene atado a la muñeca un estambre verde para diferenciarla.

Yo las miraba, girando la cabeza del lado derecho al izquierdo. Parecíanme diminutas, color de berenjena y algo hinchadas: esto es común en los recienes, e indica que de grandes serán excesivamente blancos. Al fin, inclinándome, les di a mis niñas un beso. Entró en esto doña Milagros, y me las arrebató, y empezó a chillarlas.

—Monáas, tesoros, cominiyos, peasos de masapán... ¡Ay qué judiá, tenerlas así en cuero, arresiditas de frío! ¡A ver, a ver, un capiyito, que la quiero vetir a esta emperatrís de la China!

La andaluza tomó el capillito templado, la faja, el pañolico triangular, la gorra, y empezó a vestir a una de las gemelas con extraña habilidad. Cualquiera pensaría que la comandante había parido y criado media docena de chicos lo menos. Manejaba aquella masa gelatinosa con incomparable soltura, y enrollaba la faja alrededor del cuerpo lo mismo que si no hubiese hecho en su vida otra cosa. En cambio, Argos y Clara se veían y se deseaban para arreglar la suya. Feíta se entrometía, pretendiendo arrancársela de las manos.

—¡Yo!... ¡Yo la amañaré!

—Quita, mocosa, chiquilicuatra —contestaban desdeñosamente—. Si te remangamos las faldas, verás qué azotes.

—Papá... que me dejen... —articuló Feíta dirigiéndose a mí, con la garganta atascada de sollozos—. Que me dejen. ¡Ya verán si sé!

Moragas, siempre en pleito con Feíta, y al mismo tiempo encariñado con ella y protegiéndola, indicó:

—Déjenla ustedes a ver cómo se las compone esta mona sabia... Puede que haga prodigios.

—Bueno, que la vista... —ordené yo.

¡Quién vio a Feíta! Iluminose repentinamente su rostro con una expresión que, a no ser ella tan diablillo, podría llamarse angelical; y tornando a la niña, sentose en la butaca y la acomodó en el regazo. Yo la miraba atónito, mientras Moragas me daba disimulados codazos, como diciendo: «¿Ve usted?». En efecto, aquella empecatada chicuela, que no podía coger nada sin romperlo, que tenía los movimientos y las actitudes de un muchacho revoltoso, se transformaba de repente en la mujer más cuidadosa y solícita. Apretando y haciendo embudo con los labios, fijos los ojos en la criatura, con manos que la tocaban como se toca a una santa reliquia, trémula de gozo y de orgullo al mismo tiempo, Feíta la vistió en tres minutos perfectamente. Y cuando estuvo liado el paquetito, lo levantó en alto, lo arrimó a la cara, y chilló con delirio.

—¡Uuuuú... Moniña, moniña!

Y luego, volviéndose hacia las hermanas mayores, que parecían burlarse de su triunfo, les sacó una cuarta de lengua, y les gritó:

—¡Aaaá... Pasmosas, chapuceras, envidiosas!

Ellas contestaron sotto voce:

—¡Pericón!

La cosa no tuvo más consecuencias. Doña Milagros estaba en su elemento, daba órdenes, hacía preguntas: parecía un general en jefe, y por ese instinto que hace que obedezcamos a las personas de iniciativa, mis hijas ejecutaban sus mandatos al punto, excepto Tula, que hasta se me figura que la respondió dos o tres veces con aspereza. Sobre el velador, retirado el tapete de croché, hervía con simpáticos gorgoritos no sé qué infusión en el cazo de la estufilla: era un brebaje para paladear a las pequeñas: la comandanta, soplando en la cucharilla antes, se la metía entre los labios, y las oruguitas hacían gestos muy cómicos, entre estornudo y mueca, al percibir aquella primera sensación de los órganos del gusto. Luego doña Milagros comenzó a lamentarse de que no hubiesen traído un indispensable jarabe, a lo cual mi hija Tula contestó agriamente que no se podía pensar en todo y que bastante se había hecho. La comandanta entonces salió disparada, regresando a los dos minutos con la noticia de que ya iba por el jarabe su asistente; y como Moragas y yo conferenciásemos en el hueco de una ventana, se vino a nosotros hecha un basilisco, y cual si se tratase de su propia alimentación, me interpeló acerca de la de mis hijas. «¿Cómo estábamos de amas?». Sí, empleó el plural.

—A ver, usté, señó Neira, ¿qué jase usté ahí tan parao? ¿Cuándo dispone que tengan teta etas dos asuseniya?

—Si no se la damos usté o yo, señora... —contesté riendo, porque no había medio de formalizarse con una mujer tan excelente, aunque tan entrometida.

—¿Yo?... Peasitos de mi corasón, con vía y arma se la daría. ¡Qué felisiá, criar un nene! ¡Pa qué quería yo más! Pero esto no pue seguí así. Hijas, yorá pa que os busquen teta, que os tienen desfayesías.

Lo mismo que si obedeciesen a un conjuro, las gatitas dejaron oír quejumbrosos mayidos, que resonaron en mis blandísimas entrañas de padre. Entre el médico, la señora y yo comenzamos a debatir aquella pavorosa cuestión de subsistencias, que más bien era de capacidad. El bolsillo, trémulo de pavor, se arriesgaría a afrontar la doble lactancia; pero era humanamente imposible buscar acomodo al ama sufragánea. Para alojar a la que ya estaba contratada en la Erbeda y solo aguardaba aviso, había sido indispensable repartir a los niños en los cuartos de sus hermanos, y convertir en dormitorio un chiribitil antes destinado a cuarto de plancha y leonera. ¿Qué hacer? ¿Qué hacer, Dios santo?

—Mire usté —exclamó con fuego doña Milagros—. Por eso no se apure usté ná. Abajo sobra sitio. Tan holgaos estamos, que para ca pierna y ca brazo hay su habitasión. Se bajan el ama y el angeliyo, y abajo duermen y abajo están tó el santo día. Tomás, loco con la gurruminita; yo, con más babas que un caracol; y se ha sarvao la patria.

Todo lo facilitaba, y por poco me convence, aunque yo opinaba que aguardásemos a que despertara mi esposa, cuyo sueño encargaba Moragas que no se perturbase, por la necesidad que tenía de reponer sus fuerzas. Pero cambió nuestros planes el ver entrar a mi hija Feíta empuñando una botella llena de un líquido blanco. Nunca mostró la cara tan animada y satisfecha como entonces.

—Papá... mira lo que he discurrido. Con esta botella hago un biberón, y le doy de mamar a las niñas. No se necesita ama ninguna. Son unas galopinas, unas cargantes. Yo, yo sola crío a las pequeñas. Y divinamente. Verás.

Nos burlamos de la chiquilla; pero Moragas, risueño y todo, la cogió por la barba, la pasó la mano por el cabello, y dijo:

—Sí, Lucifer, trasto, tú salvarás a tus hermanas... No vendrá más que un ama, y la otra será la señorita Fea... Ya verás cómo te doy un curso de cría con biberón... En tres lecciones te gradúas de doctora.

Así quedó resuelto el espantable conflicto. Al otro día muy temprano llegó de la Erbeda el ama, y por la tarde se bautizaron las gatitas. Se les puso por nombre, a una María Remedios y a otra María Teresa, por haber nacido el día 14 de octubre, fiesta de Nuestra señora de los Remedios, y bautizádose el 15 del mismo mes, fiesta de la santa doctora de Ávila. Mis hijas y doña Milagros hicieron prodigios para adornar a las gemelas. Encaje de aquí, cinta de acá y bordado de acullá, me las pusieron tan majas. Al volver de la iglesia, el ama alzó los pañolitos de nipis que tapaban la cara a mis dos retoños, y me dijo las palabras sacramentales: «Llevé unas moras y traigo unas cristianas». Miré a las inocentes criaturas, que dormían. Disipada la hinchazón de sus caritas, con la aureola de encajes de las gorras, no se puede negar que estaban hechiceras. Las tomé en peso, una en cada brazo, y la idea de ser autor de aquellos ángeles me hizo pensar entre orgulloso y triste:

—¡Quién duda que son unas monadas!... Si no fuese que ya tiene uno en casa otras diez... Si el zapatero y el panadero no enviasen cuentas... Si estuviésemos en el Paraíso terrenal...

V

La venida al mundo de las dos encantadoras criaturitas pesó sobre mi espíritu como losa de plomo: acaso por primera vez comprendí la gravedad de la obligación en que me había puesto al decidirme a ser padre de doce hijos.

En mis meditaciones solitarias y penosas; en mis horas de considerar el negro porvenir, me acusaba a mí mismo, por no acusar a las instituciones sociales. Era clarísimo que no debí haber engendrado aquellos dos vástagos más, y su existencia probaba de un modo evidente y casi afrentoso para mí que yo no tenía un adarme de juicio, de buen gusto, ni de sentido común. Cuando dos seres humanos, en todo el hervor y fuego de la edad juvenil, siendo su cómplice la naturaleza, que les brinda una primavera llena de flores y fragancias, que les canta en las espesuras el epitalamio con coros de avecillas, y les alumbra las bodas con la lámpara de plata de la Luna, se dejan arrastrar a cualquier flaqueza, el desliz les condena a reprobación, y le ocultan como si fuese el mayor atentado. Y en cambio, si dos personas como Ilduara y yo, que nos acercamos a la vejez, sin aliciente alguno, en prosa vulgar, damos al mundo seres que ni tenemos medios de sostener, ni tiempo de ver criados, a nadie se le pasa por las mientes discutir si sería lícita acción semejante, y se festeja el nacimiento como si fuese algún motivo de regocijo y zambra.

Lo único que tranquilizaba un poco mi conciencia (tranquilidad puramente negativa), era pensar que el mayor tanto de culpa quizá no me correspondía a mí, sino a mi pobre esposa, y que algo pudieron dañarnos sus desatentados celos y sus absurdas suspicacias... Líbreme Dios de profundizar tan delicado asunto, y Él me preserve también de censurarla por lo que mostraba a las claras su conyugal amor, en el cual creo a pesar de todo... Probablemente la firmeza y la prudencia faltaron en mí; tal vez no supe, con finas y tiernas demostraciones, de un orden ideal y delicado, persuadirla de lo invariable de mi lealtad... En fin, lo cierto es que ahí estaban las mellizas, dos seres desvalidos y adorables, que solo de mí esperaban protección, sustento, y lo que debe la vida a cada individuo... ¿Y cómo iba yo a cumplir, ¡Señor Dios!, obligación tan perentoria y sagrada? ¿Cómo sostener dos boquitas más, donde ya solo a fuerza de orden podíamos soportar las exigencias de una posición falsa y de una vida, aunque modesta, mucho más lujosa de lo que permitían nuestros medios?

Empecé a ver que lo que complicaba la situación de mi familia, era la fatalidad de que la naturaleza se empeñase en regalarme hembras y no varones. Son las hembras, desde tiempo inmemorial, la plaga, la aflicción y el castigo de la fecundidad humana. He oído que en algunos países se acostumbra darlas muerte al nacer; y aunque se me haga duro creer tan horrible crueldad, lo cierto es que aquí, si no las matamos, renegamos de ellas. Once veía yo a mi alrededor, como los retoños de la oliva: cinco casaderas, una que lo sería bien pronto, y las demás, pobres criaturitas indefensas, desarmadas para todas las luchas, sin más apoyo que la protección de un hombre ya entrado en años, con un pie en el sepulcro. Si aparecían maridos, soberbio; pero si no aparecían, ¿qué iba a ser de mi prole? ¿Qué comerían hoy o mañana? ¡Como no echasen en el puchero el consabido aguilucho!... Si Froilancito despuntaba, las ampararía... ¡Era preciso que Froilancito nos saliese una eminencia!

Me distrajeron de estas cavilaciones otras más urgentes. Es el caso que mi Ilduara quedó exhausta desde la última y onerosa contribución pagada a la naturaleza. Contemplándola después de su doble parto, me asustó: parecía un cirio. La maternidad, que embellece y refresca a las mujeres relativamente jóvenes, había acabado de aniquilar el ya gastado organismo de mi pobre compañera, y comprendí que para reponerse necesitaría muchos meses de absoluto reposo, y, añadió Moragas, «el aire del campo».

Desgraciadamente estábamos en octubre, y cuando Ilduara pudiese ponerse en camino, sería bien entrado noviembre. No cabía ni soñar en irse a una aldea, sin recursos, con frío, con lluvias incesantes.

A falta de campo, se ordenó una alimentación nutritiva, y yo no sé lo que gasté en gallinas durante los días de la convalecencia. Si iba en persona al mercado (¿quién se fía de criadas?), encomendaba a doña Milagros este pormenor, que no me atrevía a encargar a la inexperiencia de mis hijas; y en el pasillo nos encontramos más de una vez la comandanta y yo, muy ocupados en sopesar y en soplar el obispillo a una gorda gallina, discutiendo si valía o no los doce reales que costaba.

Es de advertir que en cuanto mi esposa recobró ánimos, impacientose con la inmixtión de la comandanta en nuestros asuntos domésticos. Ilda siempre había sido guardadora de su autoridad, lo cual, añadido a la prevención que contra doña Milagros alimentaba, dio por resultado una tirantez de espíritu y una sobreexcitación que se declaraban solo con sentir los pasos de la infeliz señora en el recibimiento. Acaso la debilidad había desatado los nervios de Ilda, porque nunca la vi en estado semejante. Por desgracia, la andaluza subía más que nunca: nos la encontrábamos hasta en la sopa. Había cobrado a mis gemelas tal cariño, que rayaba en frenesí, y no sabía pasarse dos horas sin echarles la vista encima. Lo que sobre todo embelesaba a doña Milagros, era la dificultad de distinguir a las gemelas, por lo muchísimo que se parecían. ¿Hay encanto como no saber cuál es Zita ni cuál es Media? (Mi hija pequeña, Pura, las confirmó así con una media lengua y su ceceo incorregible). Para señal, doña Milagros había traído una medallita de plata del Carmen, y una del Corazón de Jesús; y todo el día andábamos con el ajetreo de abrirles el capillo a las mellizas y exclamar: «¡Ay, ama, que esta niña no ha mamao... A ver... la medaya... Pues no, esta es Zita... esta si se echó una buena trágantá al cuerpo... es la otra la que está muerta de hambre!... ¡Gloria er mundo, biscochiyo, reina regente! ¡Te comería... huuum, te comería! ¡Pues si se ríe ya... ama, se ríe... ya se ríe!».

Otras veces ayudaba a Feíta en sus tareas de nutriz, en las cuales se lucía el diablillo. Moragas le había explicado la higiene de la botellita vital, destinada a reemplazar el calor y la afluencia del seno humano, y la chiquilla se penetró tan perfectamente de aquello de la limpieza, y la temperatura, y las cantidades de agua y leche, que las niñas tomaban con igual gusto el pezoncillo de goma que el pecho del ama. Era esta una moza soltera, costurera de oficio, que ya por segunda vez ejercía el de alquilar su cuerpo, convirtiendo en granjería la quiebra de su virtud. Doña Milagros no estaba a bien con la muchacha, ni le parecía ama suficiente para una sola de las niñas, cuanto más para las dos, por mucho que las ayudase la botellita dichosa: y el ama, notando que la comandanta no era amiga suya, le había cobrado una inquina sorda y solapada, pero fiera. Yo llegué a sospechar más adelante, cuando sobrevinieron acontecimientos funestísimos, que aquella pécora contribuyó a sobreexcitar a mi esposa. Pero también alguna de mis hijas entraba en la conspiración doméstica contra doña Milagros. Tula, en todas las cosas tan semejante a su madre, lo fue asimismo en esta. Es imposible describir su gesto al ver a la andaluza.

Esta marejada me disgustaba mucho, no solamente por lo que a mi parecer tenía de injusto, sino principalmente porque contribuía a que se empeorase Ilduara, cuya enfermedad tomaba forma de malquerencia contra doña Milagros. Yo veía a mi esposa cada día más extenuada, sin fuerzas para levantarse, porque generalmente, cuando a fin de mullir su cama la trasladábamos a un sillón, solía acometerla algún desvanecimiento. Para evitar que perdiese la poca vida que le quedaba, recomendábale Moragas que se mantuviese con los pies más altos que la cabeza, y que guardase la mayor inmovilidad posible; pero solo con oír la voz de la comandanta en la antesala, mi mujer se retorcía como pisada culebra, y vibrando odio por ojos y boca, exclamaba:

—Vamos, bueno... ¡Ya está allí esa mujer!

Los ofrecimientos y servicios de la complaciente andaluza, en vez de calmar a mi esposa, acrecentaban su furia de un modo que para mí sería increíble si no lo hubiese visto. Y el caso es que fundaba su enojo en razones enrevesadas y estrambóticas, y argumentaba sin permitir que yo abogase en favor de aquella excelente señora.

—Se necesita poca vergüenza para meterse así en las casas ajenas, donde no le llaman a uno, ni le necesitan. Gente ordinaria al fin y al cabo, militarotes de cucharón, furrieles indecentes, acostumbrados a comer del rancho y dormir en cama redonda. ¿Quién llama aquí a esa chula —porque es una chula—, Benicio, desengáñate? Viene a curiosearlo todo, a enredarlo todo. Luego, qué frescura, qué falta de pundonor. Le ve a uno serio, y nada, cara de corcho. Hasta que la echen a puntapiés...

—¡Ilda... Ilda! —murmuraba yo—. Hay que tener miramiento... Eso que dices es terrible. La señora de Llanes se desvive por obsequiarnos.

—¿Y quién le pide semejantes obsequios? Sin ellos hemos vivido siempre, sin ellos seguiremos viviendo muy contentos y felices, en paz y en gracia de Dios. ¿Se los has ido tú a mendigar? Puede que sí.

—No, mujer, por los clavos de Cristo... Pero la buena voluntad se estima, aunque no se solicite. Son atenciones que, al fin, nadie las tiene con uno más que esa señora.

—Atenciones, atenciones... Abusos e impertinencias les llamo yo.

—Ya sabes que mima muchísimo a nuestros niños... ¿Cuántas veces se los lleva a merendar y jugar abajo?

—Para sonsacarlos y averiguar todo lo que aquí sucede. Tú eres un papamoscas: a ti te pasan las cosas delante de los ojos, y como si nada.

Olvidando el estado de mi esposa, que me imponía la obligación de asentir a cualquier absurdo, me formalicé, tan infundada me pareció la acusación.

—Pero vamos a ver, Ilduara querida, tómate el trabajo de discurrir con la cabeza. ¿Qué diablos tiene que averiguar doña Milagros de lo que aquí sucede? ¿Qué le importa? En resumen, ¿qué sucede aquí? Ni le hacemos falta para nada, ni ella viene sino porque así, una infeliz, amiga de servir y de complacer, y acabose. Tú eres la que ves visiones y armas líos, hija.

Me detuve, porque Ilda, incorporándose en la cama, con las mejillas encendidas y la voz ronca, gritó frenética.

—Ciertas defensas me llaman la atención... Sacar la espada por ciertas personas, no se comprende sino mediante ciertas razones. Si entre doña Milagros y tu familia escoges a doña Milagros, a esa verdulera, y la prefieres a una mujer que te ha parido diez y ocho hijos, entonces dilo claro y entendámonos de una vez. Si no, sírvate de gobierno que esa individua no ha de venir más a entrometerse donde solo yo mando. En mi casa soy la reina, y como vuelva aquí a mangonear, la canto las verdades del barquero. ¡Ya lo sabes! A mí no me engañan las amabilidades ni los servicios de ciertas pájaras. No me la pegan las doñas Milagros, ¡desinterés, atención! Ya sabemos lo que viene a buscar. Lo que no tiene en su casa. ¡Y no me obligues a desbocarme, porque saldrán sapos y culebras!

Quedé aterrado. Sapos y culebras parecíame que, en efecto, se asomaban a aquella calenturienta boca. En primer lugar, preveía un disgusto feroz con la familia Llanes; en segundo, veía a mi esposa al borde de una recaída, arriesgando su salud por un furor inexplicable. ¡Ah, Ilduara mía, compañera fiel y leal, casta y honrada esposa! Créelo: en aquel momento lamenté de todo corazón mi carácter débil y la resignación completa que en tus manos hice del poder desde que nos unió la santa coyunda. Toda autoridad que se subvierte, se corrompe. ¿Quién sabe si, con más tesón, poseería sobre ti el ascendiente necesario para traerte entonces al camino de la razón, de la delicadeza y de la sensatez, y evitar las desgracias que sobrevinieron?

Intenté apaciguar a mi esposa con dulzura; pero vi que, lejos de lograr el objeto apetecido, solo conseguía aumentar su enojo; noté que la irritaba el eco de mi voz y hasta mi tono humilde. Seriamente preocupado, como si el corazón me avisase de alguna desdicha, me aparté de su cabecera, saliendo a la galería, por donde empecé a pasearme angustiadísimo. No sé si lo que influía en mí era aquella vieja educación cortés, la enseñanza materna, que me ordenaba guardar consideración a las mujeres, y me hacía temer que a una maltratasen bajo mi techo... o si era la ardiente simpatía que me inspiraba la señora de Llanes; pero el caso es que sentí turbación y una pena y una vergüenza mortal. Con las manos atrás, caída la cabeza sobre el pecho, empecé a medir la galería de arriba abajo, tropezando en los tiestos y cajones de flores y enredaderas que aglomeraran allí mis hijas. Aquel cierre de cristales tenía una particularidad que lo diferenciaba de los restantes de Marineda: y es que su parte baja la componían vidrios alternados de distintos colores, azules, rojos, verdes y amarillos, al través de los cuales se veía el puerto y el anfiteatro de montañas que lo corona, teñidos de un matiz fantástico, semejante a la de los cosmoramas. La vistosa alternativa de los cristales me sugería ideas, ya lúgubres, ya consoladoras. El país de oro que veía al través del vidrio amarillo me reanimaba, y la fúnebre palidez del azul me abatía y acoquinaba enteramente.

Entre vuelta y vuelta, la idea de bajar y espontanearme con doña Milagros se me apareció como un faro salvador. La señora, enterada de las rarezas de Ilda y prevenida contra cualquier rasgo de barbarie, hasta ayudaría a desterrar aquella mala disposición de mi esposa, ya presentándose menos, ya empleando algún otro artificio, fácil para su entendimiento y despejo natural. Se me venían a la imaginación cláusulas enteras del discurso que iba a espetarla. «Mire usted, doña Milagros, en este mundo cada uno tiene sus manías, y usted, con su buen talento, ha de saber dispensar ciertas cosas...». Y delante del vidrio dorado, la cosa me parecía, no solo fácil, sino grata, porque me lisonjeaba la idea de desahogar mis cuitas en el corazón de aquella bondadosísima señora, que no dejaría de compadecerme y consolarme. Pero al pasar delante del vidrio azul, melancólico y afligido, se me ocurrieron todas las dificultades de la empresa. ¿Si doña Milagros lo tomaba por donde quema y subía a pedir cuenta a mi esposa de sus extrañas prevenciones? ¿Si aun cuando doña Milagros guardase el secreto, averiguaba Ilduara mi visita al piso de abajo y mi entrevista con la comandanta, por la bien montada policía de mis hijas? Tampoco era fácil encontrar fórmula adecuada. «Mire usted, doña Milagros, mi mujer dice que no quiere que aporte usted por casa en los días de su vida». «Oiga... ¿por qué? ¿Se pué saber?». «Pues porque cree que usted es una métome-en-todo, y una revoltosa y una pues, y una tal y una cual...». ¡En fin, que ciertas cosas no hay medio humano de decirlas!

Mientras me hallaba en esta perplejidad, vino a librarme de ella un suceso que no me dio tiempo de poner por obra ninguna resolución. Y fue, que viendo un día de otoño bastante claro y sereno, dispuso Ilduara que sacase el ama a las gemelitas a tomar el aire. Rosa, siempre dispuesta al callejeo, y Constanza, fueron comisionadas para acompañar y vigilar al ama. Arregláronse y bajaron todos; pero apenas haría diez minutos que habían salido, cuando ¡tilín, tilín! volvimos a sentir en la antesala el estruendo de sus voces, y el llanto de una de las niñas.

Ilduara, que se levantaba por tercera o cuarta vez, hallábase tendida en el sofá. Al ver regresar el grupo, saltó sorprendida.

—Ama, ¿qué es eso? ¿Por qué vuelves? ¿Se ha olvidado algo?

—Es que doña Milagro... —pió el ama con su vocecilla remilgada de costurera campesina— nos mandó...

El rostro de mi esposa se puso del color de los tomates maduros; tan rápidamente acudió a él la poca sangre que andaba repartida por las venas de su cuerpo. Y manoteando y enronquecida ya, gritó furiosa:

—Conque doña Milagros, ¿eh? Magnífico... ¡Pues me hace gracia! ¿De manera que ya no puede cada uno disponer de su casa y de sus hijos, sino que ha de venir la gente de fuera a enmendarle la plana? ¿Y a ti, santa boba, quién te dice que obedezcas a cualquiera? Y vosotras —añadió dirigiéndose a Rosa y Constanza—, ¿para qué os envío con las pequeñas, sino para hacer respetar la voluntad de vuestra madre? ¡Ahora mismo... ahora mismo me estáis bajando otra vez la calle, y me paseáis a las niñas hasta las doce de la noche! ¿Habéis oído? Hasta las doce. Si volvéis un minuto antes, cuidado conmigo... A ver si aquí manda quien debe, o las desvergonzadas.

Yo, que presenciaba esta escena y escuchaba esta filípica, me quedé helado al ver que por la abertura de la puerta asomaba doña Milagros su rostro moreno.

—Esposa... Ilda... ¡Por la Virgen... mira que está ahí... que te oye! —supliqué con angustia, acercándome a mi mujer.

—Mejor —chilló Ilda más alto—. Lo que estoy deseando es que oiga. No lo ha oído más pronto porque no ha querido. No hay peor sordo...

Ya entraba la impetuosa andaluza como un rehilete, sin fijarse en lo que Ilduara decía, atenta solo a su idea.

—¡Ay, Jesús!... ¡Fortuna han tenido esos cachos de sielo en encontrarse conmigo!... ¡Pulmonía como la que piyan si no!... ¡Yo no sé cómo hay való pa enviá a esos angeliyos fuera con una tarde tan fría! ¡Y desabrigás! ¡Ni el ganbansiyo e franela yevaban! De forma que dije: Ama, arribita con eyas...».

Charlando así, había tomado en brazos a una de las gemelas, y la cubría de besos gorjeados y sonoros. Yo temblaba, mirando a mi esposa inmóvil, erguida como el torreón aquel, con un aspecto arquitectónico y una calma fría del peor agüero. Tan significativo y terrible era su ademán, que mi hija Rosa, muy partidaria de doña Milagros, se atrevió a murmurar:

—Mamá, es cierto... Hace un frío que pela, ahí en los soportales... A las niñas, aun no bien salieron, se les puso morado el hociquito.

Ilda ni siquiera prestó atención. Con una decisión glacial que me asustó mucho más que un acceso de cólera, se adelantó hacia la comandanta, y, arrancándole de las manos la criatura que en ellas tenía y restallando cada frase como un latigazo, dijo así:

—Señora, usted a disponer en su casa, pero no en las ajenas. Y si quiere usted manejar chiquillos, haga por tenerlos, que los míos son míos y de nadie más. ¿Ve usted esa galería? Pues si me da la gana de tirar por ella a la niña, la tiro... ¿ve usted? La tiro... así.

Echó a andar hacia la vidriera abierta, muy encendida de color, temblando de ira, con la nena en alto; en la sala resonó un grito terrible, que a un mismo tiempo lanzamos la andaluza, Rosa y yo. Por mis ojos pasó una nube, o mejor dicho, un relámpago lívido, y en vez de ver en aquella acción de mi esposa un recurso oratorio, feroz sí, pero teatral, vi sencillamente el cuerpo de la niña que volteaba en el espacio e iba a estrellarse contra las losas de la calle, como un día se estrelló el de su desgraciado hermanito. Mi clamor fue de agonía; dando un salto de tigre, me arrojé a cortar el paso a Ilduara, y valiéndome de su debilidad, le arranqué la pequeña, ayudándome doña Milagros, que sujetó por la cintura a mi frenética esposa. La cual gritaba, ya fuera de tino:

—¿Para qué me pone usted las manos encima? ¿No ve usted que yo no soy una verdulera como usted, sino una señora? Una señora de toda la vida, ¿entiende usted? de padres a hijos, porque los Pimenteles de Monforte siempre fueron caballeros. Una señora no se mete en las casas de los demás... una señora se está en la suya... Si usted lo fuera, hace tiempo que no pondría aquí los pies. Pero lo que es usted todos los saben, y si usted quiere, se lo digo yo ahora mismo.

La fina tez de la andaluza palideció bajo este chaparrón de injurias: en sus preciosos ojos se pintó el asombro de verse tratada así, y medio sollozando, exclamó:

—¡Ay, Jesú!... ¡Pero esta mujé está de Luna!... ¡En nada la he fartao, y me sapatea!... Señó e Neira, ¿qué pasa, qué tiene su señora de usté? ¿Se ha güerto loca? ¿Está arrebatáa con sus enfermeaes y su pariura?... ¡Y grasia que no ha tirao er angeliyo por la ventana! ¡No ma queao gota e sangre en las venas!... ¡Jesú, Jesú!... ¡Una hiena del África parece! ¡Que yamen al señó e Moragas volando!

—¡Doña Milagros... si le quedan a usted unas miajas de vergüenza... no se queje a mi esposo! ¡Lárguese usted!

A todo esto, los gritos habían atraído a la sala a mis hijas; y al través de la puerta, la criada, atónita, miraba el escándalo. La andaluza se volvió como el toro cuando se ve en el redondel acosado y aturdido.

—Pues ná, que esta mujer se ha guillao —dijo, dirigiéndose al público—. Me dise verdulera, al mismo tiempo me farta y arma la bronca conmigo, conmigo que no la farto en ná... Me echa como a un perro. Por vosotras lo siento, angeliyos, que os quiero más que a las telas der corasón. En mi casa me tenéis pa lo que se os ocurra. Señó Neira, haga usté favó de declarar aquí que no les debo dinero, grasia a Dió, y que no me habrá usté visto portarme mal en ná. ¿Digasté? ¿Me tiene uté, sí o no, por una señora?

Un impulso irresistible puso en mi boca estas palabras, mientras, penetrado aún del terror pasado, estrechaba a la recién nacida contra el pecho.

—Doña Milagros, usted es toda una señora, y yo no puedo decir otra cosa, porque sería mentir, y Benicio Neira no miente.

Ilduara me miró con extraviados ojos, y viniéndose sobre mí... la sinceridad me obliga a no omitirlo... pero no lo repitan ustedes... ¡me puso... me puso en la faz la mano...! Retrocedí; ella quiso hablar y no pudo, y negra de furor, se desplomó en brazos de Tula, que la sostuvo y la condujo al sofá. Hubo un silencio entrecortado por exclamaciones de angustia:

—Un ataque...

—¡Ay Dios mío!...

—¡Papá, papá... mamá se muere!... —sollozó Argos, cogiéndose a mi manga—. ¡Ay, papá!

—Papá —dijo Tula, pálida y severa, acercándose a mí— que se vaya la señora de Llanes. Ya debía irse cuando mamá la echó... Ahora, échala tú... porque mamá agoniza.

Yo creía volverme loco. Solté la pequeña dándosela al ama, me llegué a doña Milagros, y le dije con acento suplicante:

—Señora, me parece mejor que baje usted... Ya ve en qué circunstancias nos encontramos... Dios me pone a prueba muy dura...

La andaluza me contestó entre lástima y enfado:

—Ya tomo la puerta, ya... Encaríñese usted con la gente pa esto... Vaya por Dios... ¿Me dejasté dar un beso a las gatiyas?

—Es mala ocasión... En otra... Todo se arreglará... Váyase usted...

Me pareció mentira cuando la sentí cerrar la puerta y, pude atender a Ilduara, a quien trasladamos a la cama lo mejor que supimos. Salió la cocinera a buscar al médico, y mientras las niñas prestaban a su madre los cuidados que su estado requería, yo me quedé al pie del lecho abrumado por el presentimiento de una gran desgracia. El cariño por mi desdichada esposa se despertó con toda la fuerza de los sentimientos inveterados, que están en nosotros sin que notemos su presencia, como no notamos la de los órganos que sostienen nuestra vida. Me entró inmenso remordimiento de haber provocado con palabras quijotescas el mal de mi esposa; y de todo corazón me arrepentí de haberlas pronunciado. Las exclamaciones de dolor de mis hijas me partían el alma. «Mamá... mamá querida... Vinagre... un poco de éter... Que se muere, Virgen de los Dolores... Sujetarla... No se puede... La arde la frente... Se ha sofocado muchísimo... ¿Qué tiene, mamá? Hable, diga por Dios...».

Sintiéronse en la antesala pasos de hombre y me precipité, creyendo que venía el señor de Moragas. Ya anochecía. En el pasillo me tropecé con un bulto ingente, enorme, una especie de animalazo barbudo, peludo y bronco, y entreoí lo que sigue: «Moño, vecino; aquí vengo a cantarle a usted...». Comprendí que el comandante de Otumba quería pedirme una satisfacción por los insultos a su esposa. ¡Cuánta mayor prudencia demostraría doña Milagros —la verdad— no enterando a su marido! Pero, ¿pueden guardar reserva personas de un carácter tan fogoso y tan polvorilla? El comandante, viendo mi silencio, me echó la zarpa al brazo.

—¡Peineta, hijo, no se escurra usted...! Vengo a decirle dos o tres cosas calientes, y a ver si está usted conforme, moño, en que nos rompamos las narices, remoño peinero... ¡A mi señora, peineta, nadie la falta estando yo a su lado, y hay ciertas cosas, moño, que solo yo se las puedo decir; pero, peineta, a los demás no se las aguanto, retemoño!

—¡Tenga usted miramiento! —contesté al bárbaro—. Ahí al lado hay una señora enferma, ¿está usted? enferma de gravedad; y hay también señoritas que no deben oír la ristra de cebollas que usted ensarta constantemente; y esto no es cuartel, ni las personas regulares somos quintos.

—¡Peineta, peine! Aquí se ha ofendido, moño, a mi señora, y... yo vengo a armar la de Dios es Cristo, y a quemar, moño, la casa y hasta el barrio... No me salga usted con que si hay enfermos, si no hay enfermos... A las señoras, moño, se las respeta siempre...

El oso me sacudía el brazo con ira. La puerta del recibimiento se abrió de repente, doña Milagros, en bata y zapatillas, se apareció y se me figuró una visión angelical. Con aquella voz de almíbar y aquel salado ceceo suyo, y con sobrealiento que parecía el azorado anhelar de las palomas cuando alguien las coge y las aprieta, se dirigió al bruto, y le dijo tartamudeando de emoción:

—A ver si dejas en pas al señó Neira... Bastante abroncao estará el pobre hombre con las majaerías y los selos y los sopitipandos e su mujé... No me ha fartao él, y la señora está medio espichando y toa entrambilicáa... Vámono

63

a nuestra casa, que aquí naa se no pierde. ¡Ay, Jesú!... ¡Qué geniasos hay po el mundo!

—Moño, como me dijiste, moño...

—No he dicho ná. Abajito ma pronto que la lus.

¡Buena, dulce doña Milagros! Mi corazón se inundó de gratitud hacia ella en aquel instante, como en la escalera la noche del nacimiento de las gemelitas, y con los ojos repentinamente humedecidos, murmuré:

—¡Si supiese usted qué mala está Ilduara!

—¡Sea por Dios! —exclamó la andaluza—. Si hago farta, naa de remilgos: mandar recao. No soy rencorosa. Oigo yo a las locas como si oyese cantá la sartén.

Y se retiró, arrastrando a su marido. Moragas vino de allí a poco. Enterado del suceso, y habiendo visto a la enferma, puso cara grave y sombría, cosa tan desusada en él cual lo sería el bigote en un niño de seis años. No dijo nada, pero pronta y enérgicamente ordenó varios remedios, revulsivos la mayor parte.

—Ahora hay modorra —indicó—. Temo que por la noche habrá mucha temperatura.

Prescribió lo que debíamos ejecutar y en qué caso convendría llamarle; y, en efecto, a las altas horas de la madrugada fue preciso enviarle apremiantísimo recado.

La casa estaba en la mayor desolación. Tratábase de una supresión y un retroceso a la cabeza, que constituía verdadera congestión cerebral. Al corto abatimiento había sucedido la agitación, hiperemia, y luego altísima fiebre. Serían las tres cuando comenzó a delirar. A las primeras palabras que pronunció roncamente, con voz que parecía salida de lo más profundo de su ser, Moragas me hizo expresiva seña, y ordené a mis hijas que se retirasen. Obedecieron de mal talante, y solo el médico y yo presenciamos el tremendo desvarío de aquella mujer dignísima, de aquella madre de familia ejemplar, que a última hora, perdido el albedrío, adoptaba en breves y tristes instantes la máscara de una arpía furiosa. ¡Qué lenguaje, Dios mío, y cuánto sufrí al escucharlo! ¡Qué horribles acusaciones las que me lanzó, no mi esposa, sino su fiebre, su locura! ¡Con qué desesperación la oí renegar de su maternidad, maldecir la tarea que la dignificaba a mis ojos, y abrumarme con un aborrecimiento sañudo y atroz! Diríase que, abierta la misteriosa llave del corazón, salía de él algo tan cínico y tan feo, que yo retrocedía de espanto. Ilduara se jactaba de haberme devuelto mal por mal, condenándome a la servidumbre doméstica más ignominiosa. «Calzonazos, pelele», repetía con expresión que no puedo recordar sin estremecerme aún. ¡Pobre esposa de mi vida! No tomas, no, que yo te atribuya a ti la que puso en tus labios el genio del mal, para desmentir en minutos toda una vida consagrada al deber y al conyugal amor; ¡porque tú me amabas, Ilda de mi corazón, compañera de treinta años, santa madre de mis hijos, y aquellas frases preñadas de odio y de hiel, aquellos espumarajos de desprecio, burla y rabia, no eran sino las convulsiones de una epiléptica agonía, que a costa de mi propia vida quisiera yo ahorrarte!...

Al amanecer después de tan funesta troche, cesó el desvarío sobrevino un estado comatoso, profundo y mortal. Ni el Viático pudo traerse. Luego sobrevino cavernoso estertor, se apagó la pulsación y se vidriaron las pupilas...

Así me quedé viudo.

VI

El golpe de la pérdida de su madre influyó de modo muy diverso en cada una de mis hijas. Las que yo creí que se afligirían más (verbigracia, Tula, tan semejante a Ilduara, tan identificada con ella), fueron las que, por el contrario, conservaron bastante sangre fría; eso sí, Tula se manifestó dispuesta desde el primer instante a empujar las riendas del poder doméstico, y gobernarnos a todos, recogiendo la autoridad correspondiente a su derecho de primo-genitura.

Tampoco en Rosa —pagado el tributo de lágrimas que las mujeres no regatean a casos mucho menos lastimosos— duró la pena: los arreglitos, los fúnebres perifollos del luto la distrajeron, y no tardaron en volver a sus mejillas los sonrosados colores, y a sus ojos el radiante brillo.

En Constanza no sé si he dicho que nada hacía mella, o por lo menos nada se exteriorizaba: era imposible averiguar cuándo a aquella criatura la complacían los sucesos, ni cuándo no: tan extremada era su indiferencia, su pasividad, su apatía de linfática. Lloraba sin alterar la expresión del rostro, y sus lágrimas ni siquiera conseguían enrojecerla los párpados. Agua pura.

Las que dieron señales de pena grande y profunda fueron Clara, Argos... y Feíta. Eran estas tres, cada cual a su modo, mujeres de viva sensibilidad, y Argos sobre todo propendía a exaltarse y a tomar las cosas de un modo arrebatado y vehemente; en casa la llamábamos centellita, y recordábamos algunos rasgos y anomalías de su infancia y de su primera juventud, que denotaba un «alma montada sobre alambres eléctricos», según frase de Moragas. En la ocasión del fallecimiento de Ilduara revelose este ser carac-terístico de Argos con caracteres muy alarmantes.

Ha de saberse que a la hora y media escasa del tránsito de mi pobre com-pañera, presentose doña Milagros vestida de lana negra, con los ojos húme-dos, el rostro expresando piedad, el aliento congojoso y la voz timbrada de emoción; y en palabras cordiales y casi humildes me explicó que venía, como siempre, a servir de algo, que sentía reconcomio y pesadumbre inmensa por haber ocasionado involuntariamente la catástrofe, y juraba y perjuraba que, si nosotros no le habíamos cobrado aborrecimiento, ella estaba allí invariable, a nuestra disposición con vida, alma y voluntad. Tula recibió a la comandanta tiesa como un palo; pero mis otras hijas se la echaron en brazos sollozando y gimiendo, y los chiquillos, que la querían por lo mucho que les mimaba, también la besaron tristones y calladitos, como suelen estar los inocentes ante la muerte.

Al acercarse la señora a Argos y verla color de cera, muda, agitada por un temblorcillo, con los ojos secos y contraída la boca, hízome una señal afectuosa y significativa, y, llevándome al hueco de la ventana, secreteó:

—Es preciso que esta chica yore.

—Sí, señora... —contesté— pero, ¿qué le hago si no llora? Y vaya si alivia el llanto —añadí, enjugándome los párpados con el pañuelo.

—Pues e que si no yora la chiquiya, verá usté lo que pasa. Vamo a tené lanse. Quedándose así cortá, ar momento meno pensao, verá usté; un sopitipando, o un mal del corasón. Yorará. Déjeme usté a mí... Capás soy de haser yorar a un guijarro.

Los mil tristes quehaceres que acarrea la pérdida de un ser querido me hicieron olvidar la cuestión del llanto de mi hija. Doña Milagros bullía, trajinaba, activa, infatigable, presente doquiera, arreglándolo todo, dando cien vueltas en un minuto y evitándonos rozamientos, de esos que son tan dolorosos cuando, por decirlo así, está el espíritu en carne viva. Ni aquel día, ni en la mañana siguiente, pudo lograrse que asomase a los ojos de Argos esa lluvia bienhechora, indispensable para que el dolor no se derrame interiormente y nos sofoque. Recursos ingeniosos se emplearon para conseguir que Argos llorase; mas no dieron resultado. La recordaron palabras de su madre; trajeron a sus hermanitas y se las pusieron en brazos, diciéndola que aquellas huérfanas reclamaban amor y protección, administraron medicamentos; fue inútil, y al cumplirse las veinticuatro horas del fallecimiento de Ilda, realizáronse las profecías de doña Milagros. Vino el anunciado sopitipando, la convulsión con sus arrechuchos delirantes, sus contorsiones frenéticas, sus chillidos, sus ímpetus suicidas de batir la frente contra los hierros de la cama o la madera de los muebles. Argos se dislocaba, se descoyuntaba, formando su cuerpo arco vibrador, como espinazo de culebra; entre cuatro personas no la podíamos sujetar: tal fuerza desarrollaba bajo el influjo del aura epileptiforme. El acceso fue determinado por la vista de la mortaja o hábito que traían para vestir a su madre. Apenas logramos sosegar a la muchacha a puras dosis de éter y bromuro, o, por mejor decir, así que gastó la pobrecilla todo su repuesto de fuerza y se aplanó, empezó a preocuparnos la idea de lo que sucedería cuando se cerrase la caja y Argos comprendiese que sacaban el cadáver, y resonasen en la calle los piporros y los fagotes del entierro, y en la escalera los pasos de los que bajasen el ataúd. En aquella vivienda de cartón, ¿cómo ocultarle a la infeliz niña la salida del cuerpo?

Al acercarse el momento solemne y triste en que alguien desciende por última vez las escaleras de su casa —donde quedan los que le amaron, los que vivieron a su lado—, para mudarse a la eterna soledad del nicho, doña Milagros penetró en la salita en que recibíamos el duelo. Estaba esta, según la costumbre, menos que a media luz, es decir, casi a oscuras. Mis hijas mayores, desaliñadas, despeinadas, con pañuelos de seda negra, permanecían fijas en el sofá, contestando por medio de monosílabos, o solo de suspiros, a los saludos de las amigas. Estas suspiraban también al tomar asiento, como si se hallasen cansadas o muy doloridas. Luego se entablaba tímidamente en voz baja, algún diálogo soso. «Hace frío, ¿eh?». «Sí, yo también lo noto». «Y mire usted, es raro; aún puede decirse que no llegó noviembre». «Pues tiene usted razón: enfriaron muchísimo las tardes». Etc., etc. Mientras palabreaban, el pensamiento estaba allá, en la otra sala, la que caía a la marina, donde las del duelo sabían que se encontraban el cadáver, y de donde iban a sacarlo muy pronto. Con disimulo miraban todas para Argos, deseando y temiendo a la vez la dramática escena que cortaría el denso aburrimiento de tan fastidiosas horas. Me han dicho después (porque yo en tales momentos no estaba para observaciones) que Argos era una perfecta y hermosísima imagen del extravío mental. Me aseguró doña Milagros que solo se la podía comparar a una Dolorosa, pero una Dolorosa que, en vez de derramar lágrimas, se encontrase a punto de perder la razón. Sus desencajadas facciones parecían esculpidas en fino marfil; sus inmensos ojazos negros miraban con persistencia a un punto del espacio, y el mirar destellaba sombrío fuego, como si lo que veía Argos fuese alguna aparición horrenda. El lienzo de Doña Juana la Loca, de Pradilla, puede dar idea del semblante y expresión de mi hija en tal momento. Las señoras del duelo cuchicheaban, conviniendo en hablar más alto y hacer ruido para que no se oyesen martillazos, pasos ni salida de los restos. A cada sordo rumor que venía de fuera, estremecíase Argos con hondo escalofrío, y giraban sus pupilas, volviendo después a la fijeza propia de la insania.

Aún cuando ningún ruido sospechoso delató la llegada de los mozos que debían bajar la caja, Argos, como si les olfatease, de pronto se enderezó, y sin pronunciar palabra, rígida, tan pálida como la difunta, estiró el brazo y el dedo señalando a la puerta, mientras dilataba sus papilas el espanto de una visión. Era una actitud admirable, digna de una gran trágica. Su ensanchada nariz parecía aspirar horror; sus abiertos labios se movían, pero su garganta no formaba sonidos; su redondo pecho subía y bajaba, cual si se viese pasar a través de él la ola de la aflicción inconsolable.

Fue entonces cuando doña Milagros realizó uno de los hechos que debieran eternizar su nombre. Repito que penetró disparada en la sala; con vigoroso empuje cogió a Argos por la cintura; y bañándole la cara de llanto y cubriéndosela de besos, la dijo sencillamente:

—Hija, ven.

A la vez que lo decía, la empujó al aposento donde Ilda, amortajada con hábito de los Dolores, yacía en la caja aún abierta, entre cuatro cirios, y sobre una especie de estrado de madera, pues no teníamos cama imperial. Amigos, conocidos, carpinteros, empleados de los carros fúnebres, criados y vecinos curiosos; toda esa gente que se mete, con razón o solo porque sí, en las casas donde hay un difunto, miraba atónita a doña Milagros y le abría calle; tras su paso se oía reprimido murmullo de curiosidad. Cruzó impetuosamente la señora, arrastrando, mejor que conduciendo, a mi hija; y sin transición, con calculada brutalidad, la impulsó de suerte que fuese a caer de bruces sobre el cadáver, gritando al mismo tiempo:

—Hija, despídete de tu madre... Se la yevan... Dale un beso, hija, que ya no la ves más sino en el sielo.

Argos se abrazó al ataúd, exhalando un delirante chillido. Vi que juntaba mi cara a la de la muerta, y que jadeaba, con ese anhelo especial del llanto, en que parece sacudirse y retemblar el espinazo y el cuerpo todo; y en efecto, pasado aquel minuto desgarrador, apenas alzó el rostro la mucha-cha, observamos que corría de sus ojos abundante raudal de lágrimas, que deslizándose hilo a hilo por las mejillas, las refrescaba, las coloreaba, regaba su viva flor. Con la misma energía de antes, doña Milagros tomó a Argos casi en vilo, y la trasladó a mi dormitorio; y obligándola a detenerse ante un Cristo antiguo de talla, resguardado por un doselillo de damasco rojo —una de las pocas reliquias que nos quedaban de nuestro esplendor solariego—, exclamó en voz persuasiva y pesando sobre los hombros de la muchacha para que se arrodillase:

—¡Yora allí, hija de mi corasón!... ¡Ese lo consuela too; yora, yora!

Díjome después el doctor Moragas que doña Milagros era el mismo demonio; que con la gracia pudo haber matado a mi hija, o trastornarle la razón; que había noventa y nueve probabilidades y media de que así sucediese, pero que casualmente la otra media fue la que se presentó, y a esa chiripa debíamos la salvación de Argos.

La cual, desde la tremenda experiencia, quedó totalmente variada. El carácter hosco y huraño de su pena, la vaguedad de la mirada y el espanto de la expresión, habían desaparecido, cediendo el paso a un abatimiento apacible, a una especie de mansa tristeza, que, de allí a poco tomó forma de religiosidad exaltadísima, como veremos. Diríase que no cabía en mi hija término medio, pues de la desesperación y el frenesí saltó a una conformidad glacial lo mismo que si la muerte de su madre y todas las demás cosas de la tierra la fuesen indiferentes, y solo la importase la nueva dirección de su espíritu. De esta evolución de mi Argos y de sus consecuencias he de hablar más largamente; pero ahora debo pasar a otro asunto, a otro dolor filial muy vivo. Grande, increíble fue la metamorfosis de Argos con motivo de la muerte de su madre; pero ¿qué vale en comparación de la que sufrió el empecatado diablillo de Feíta?

Es de advertir que ya no era tal diablillo: quizás el nacimiento de las gemelas; acaso la crisis de la pubertad, habían sosegado y amansado su carácter, que más que bullicioso debe llamarse explosivo. He dicho que los deberes de ama seca los cumplía Feíta admirablemente: dormía al lado de Media o Remedios, que era su crío, y a la cual, con mucho biberón y exquisito cuidado, iba sacando a flote. A pesar de lo embelesada que andaba Fe en estos maternales deberes, que la volvían loca de orgullo y júbilo, al morir Ilduara comprendí que la niña se convertía en mujer, y que el duende inquieto se aplomaba definitivamente, dando indicios de una índole reflexiva y grave, que yo no hubiese sospechado nunca. Ella fue, en los primeros días que siguieron a la desgracia, mi verdadero paño de lágrimas, mi ángel consolador. Al encontrarme callado y abatido, sentado en la galería, con los ojos fijos en el mar, al verme comer silenciosamente y alzarme de la mesa suspirando, la niña salía detrás de mí, y acurrucándose a mi lado, fijaba en los míos sus ojos verdes, pestañudos y chiquitos, espiando mis movimientos, por si se me ocurría pedir alguna cosa. A mi menor indicación, ya la tenía saltando:

—Papiño, ¿qué quiere? Papaíño... ¿traigo el bastón y el gabán? ¿va a salir? Papaíño... ¿enciendo el quinqué, que ya anochece? ¿El periódico? ¿Quiere ver a la gatita, papaíño? La voy a traer aquí... verá qué mona, cómo gorjea.

Al disfrutar de estos cuidados y compañía me fijé en la muchacha y estudié con sorpresa su extraño carácter. Lo primero que en ella se notaba era una mezcla de mucho desenfado, travesura y marimachismo, con una ternura de corazón sorprendente. Además, podía afirmarse que Fe era precocísima, y hacía y decía cosas admirables en sus años. Estaba dotada de una segunda vista o instinto de adivinar lo que en realidad no podía saber, e iba derecha siempre al enigma y a la contradicción, para resolverlos con arreglo a una lógica irrebatible. Hay mil ideas y juicios hechos, que por la fuerza del hábito se nos antojan muy naturales a los grandes, pero que son verdaderos contrasentidos, y a una razón virgen y fresca como la de mi Feíta se aparecen en todo su ilogismo, excitando la insaciable curiosidad discutidora, origen quizá de la ciencia humana.

¡Ah! Si Feíta hubiese nacido de un matrimonio ansioso de sucesión, de esos que tienen tiempo para contarle las risas y las gracias al primogénito, no hay duda que pasaría plaza de criatura asombrosa, de niña fenomenal. Pero donde hay muchos hijos, crecen inobservados. Siendo mi Feíta muy pequeña, tuvo unos asomos de raquitis, que combatimos con baños de algas marinas; y su notable desarrollo frontal, la agudeza de su discurso y la viveza de su comprensión fueron siempre tales, que Moragas, cada vez que venía a vernos, la llamaba «mona sabia», encargando mucho cuidado con la chiquilla, que era «un haz de nervios al servicio de unos lóbulos cerebrales». No se crea que por eso presentaba Feíta el tipo de la chicuela meditabunda y triste, abrumada por su temprano desarrollo. Al contrario. Corregida ya la propensión a la raquitis, su cuerpo, aunque delgado, iba poniéndose derecho; sus ojos húmedos y sus labios de clavel rebosaban vida; su color era trigueño y sano, y solo la excesiva delicadeza de sus faccioncitas y cierta pobreza de los tejidos revelaban la lucha entre la materia que se desarrolla y un meollo, o, por mejor decir, un espíritu que todo lo quiere para sí.

Cuando se peleaba con sus hermanas, cuando todo lo ponía patas arriba, cuando nos daban ganas de atarla para que no nos volviese locos, Feíta era un bichejo, un tití enredador, cuya graciosa insensatez ya fatiga, ya divierte; pero al hablar conmigo a solas, quieta, seria, advertíase en ella inclinación a ponerse en lo justo, a observar lo real y a conocerlo todo y juzgarlo todo con un sentido exacto, original y radical, que bien podía admirar en mozuela tan tierna. Añádase una comprensión sorprendente y una asombrosa memoria, por lo cual la encargué, además de la cría de Media, de repasar las lecciones a Froilancito, el único varón de mi estirpe, que cursaba el bachillerato y en quien fundábamos nuestras esperanzas. A poco de imponerla esta tarea de repasar, es decir, de tener el libro delante y ver si su hermano se sabía la lección, Fe mostró tendencia a preguntarlo todo: parecía el Catecismo. Cuando Moragas venía a casa, la primer persona que le salía al encuentro era la chiquilla.

—Explíqueme, Moragas... ¿qué significa eso de angina gangrenosa? ¿Es lo mismo que garrotillo? Ayer lo he visto en un periódico... ¿Qué es eso de bacillus que dijo usted anteayer? ¿Es un bichito? Dibújeme en un papel ese bichito. ¿Será así... como las pulgas... o más pequeño? ¿Y cuándo me enseña usted un microscopio?

Moragas solía contestar:

—¡Ea, ya está el diantre de la mona sabia esta empeñada en que le haga una mono-grafía! Te haré una micro-grafía, bien; pero condición: que te vienes a vivir conmigo y ya no te suelto hasta que aprendas medicina. ¡Se ha fastidiado el caballero Hipócrates! ¿Se ríe don Benicio? Pues no vale reír, porque el arrapiezo puede con eso y con mucho más. Ese cabezón admite todo lo que echen dentro. Mientras da biberón a su hermana, no crea usted que la descansa la mollera a la chiquilla.

—Las mujeres —contestaba yo— mejor están dando biberón que discurriendo. No la haga usted caso, señor de Moragas. Usted la mima demasiado, y ella se cree alguien. Que le repase las lecciones a su hermanito...

bueno: pero si veo se mete en honduras y echa terminachos y quiere saber lo que no la importa... la administraré una azotaina.

—Déjela usted... —decía Moragas, atrayéndola a sí con benevolencia humorística—. Cuando digo que la voy a dejar en herencia mi gabinete, mis libros y mis instrumentos...

Claro está que lo que yo estimaba en Feíta no eran sus listezas ni sus curiosidades, reprobables en una muchacha, sino su cariñosa previsión mujeril. Las fuentes del sentimiento estaban tan intactas y brotaban tan copiosas en el alma de Feíta, que a pesar de la dramática pena de Argos, creo que la persona que más lloró la muerte de su madre fue la traviesa criatura. Ya dejo indicado que poseía una viveza tan extraordinaria, que parecía montada al aire, siéndola punto menos que imposible estarse quieta y lo que se llama formal dos minutos. Movida como por impulso febril, necesitaba dar vueltas entre los dedos a alguna cosa, enrollar flechitas de papel, imitar el birimbao con los dedos en el labio inferior, pegar saltos de carnero, pintar monos o barcos en el libro y en la pared, pegar cromos en los vidrios, sentarse en posturas raras, tocar a todo, abrir cuanto encontrase delante, y, si algo la ponía nerviosa, arrancarse los botones y hasta los corchetes y cintas de la ropa. El síntoma en que noté que nuestra desgracia labraba en su corazoncito hondo surco, fue que se paró lo mismo que si a cada pie la hubiesen colgado una bala de diez libras de peso; que cesó de atar sillas en hilera para que formasen el tiro de la Ferrocarrilana, y de capear a sus hermanas con un pedazo de coco encarnado, y de ponerlas banderillas de papel: que por extraordinario, sus indómitos pelos aparecieron lisos, y sus faldas sujetas a la cintura, y sus trastos en orden. Cuando nos sentamos a la mesa para esa primera comida de familia tan triste, en que se mira, sin poder tragar bocado, hacia un sitio vacío, díjome de repente Fe:

—Papá, ¿dónde estará mamá ahora?

—En el cielo, hija mía —contesté, mientras las lágrimas me enturbiaban la vista y se me atravesaba el pan en el garguero.

—Y di, papá. Los que se matan a sí mismos, ¿van al cielo también?

—¿Por qué lo preguntas?

—Porque... —la niña bajó la voz y acercó su silla—. Porque mamaíta, en mi opinión, se ha suicidado.

—Calla, mocosa... ¡Suéltale a ese diablo una azote que la deje en carne viva!... —exclamó Tula levantándose airada. Pero yo impuse silencio, y Feíta siguió, revelando convencimiento profundo:

—No lo dudes, papá. No es materialidad de que mamá se pegase un tiro. Pero se suicidó, ¡verás cómo!, enfadándose, rabiando, desobedeciendo al señor de Moragas. Ahí tienes tú cómo se suicidó. Porque hay muchas maneras de hacer las cosas... ¿no te parece, papá?

No contesté, y la niña, adivinando que me entristecía aquello, se quedó también callada, bajando los ojos, de los cuales se desprendió límpida gota.

VII

Volviendo a los terribles instantes en que perdí a Ilduara, diré que arrostro las burlas de mi siglo —que pone en solfa el amor entre cónyuges ya viejos, cuando la antorcha amorosa lanzó su destello último— y declaro que me quedé sumido en melancolía profunda. No calculaba yo mismo el lugar que ocupaba en mi existencia la compañera de tantos años. Ella regía casa y hacienda, y si bien las regía con poca suavidad, no por eso ha de negarse que su firmeza y su vigilancia eran sanas y útiles. Podríase comparar a mi Ilduara con un corsé emballenado y recio, que si oprime, sostiene. Pero aparte de este que no sé si llamé dolor egoísta, el dulce y natural imperio de la costumbre me hacía sufrir a cada instante al ver el sitio frontero de la mesa ocupado por Tula, y al hallarme de noche solo en un lecho que me parecía de nieve. Perderían el tiempo y el pecado los maliciosos: mis soledades de viudo eran espiritualísimas: ningún estímulo vil me acuciaba: procedía mi nostalgia de un sentimiento puro y elevado, compuesto de lo mejor de mí mismo, barajado con otros sentimientos prosaicos, de conveniencia, de rutina afectuosa si se quiere, pero hondamente arraigados, indestructibles.

El encontrarme tan solo, tan alicaído, tan desquiciado moral y materialmente, me aproximó a doña Milagros. Libre de la preocupación de que el trato con la comandante pudiese ocasionar celosos desvaríos, me entregué sin escrúpulo al consuelo de oír y ver a una señora que tan especial afecto me demostraba, y más aún que a mí, a mis hijos, y particularmente a las gemelillas, de las cuales puede decirse que no se apartaba casi. Mi amorosa lástima de los huerfanitos vestidos de luto que veía a mi alrededor, mis inquietudes por su porvenir; mi prurito de que fuesen dichosos, se convirtió en apasionada gratitud hacia doña Milagros, que obraba el prodigio de reanimar nuestra casa, siendo el único rayo de luz que entraba en mi hogar velado por tétricos crespones.

En aquellos días de dolor, nostalgia y prueba, además de la pareja de ángeles que me dejó mi compañero como recuerdo vivo de sus últimos instantes, vino a aposentarse en mi casa otro ser impecable e inocente. Describiré su físico, con toda la prolijidad que merece belleza tan divina. Tenía esta lindísima criatura el cabello abundoso, rubio, de un matiz de oro cendrado, formando tirabuzones y caprichosas sortijillas alrededor de la frente, la cual era tersa, lisa y blanca como el alabastro más puro. Rodeaba sus ojos azules tan grandes que parecían mayores que la boca, una selva de curvas y negrísimas pestañas. Miraba con serena dulzura, algo atónita. Su naricilla era perfecta, redondeada y con meseta en la punta como las de las esculturas clásicas; bajo la nariz, un hoyo suave anunciaba las carnosidades y curvaturas de la imperceptible boquita, rehenchida como dos mitades de guinda, roja lo mismo que coral; y entre ella brillaban los dientes blancos, menudos y tan parejos, que su igualdad causaba asombro. No era menos sorprendente la pureza del contorno de sus mejillas, ni el arrebol siempre igual, limpio y delicadamente difuminado que las coloreaba. También las orejitas, la garganta y los brazos se hacían notar por su forma, así como las manos, que generalmente tenía extendidas, en actitud cariñosa de acoger o implorar.

Con ser tan acabada la hermosura de la niña, debo mayores elogios a su dulce genio, a su índole apacible y encantadora. Mientras mis gemelas alborotaban y echaban abajo la casa a berridos, ya porque el ama no se desabrochaba pronto, ya porque no las paseaban o no las acunaban en el momento crítico en que las daba la gana, esta otra recién venida se pasaba horas y más horas en calma absoluta, en perfecto estado de reposo, siempre con sus ojazos azules abiertos de par en par y sus manos gordezuelas extendidas. Jamás se oyó decir de ella que hubiese reclamado destempladamente el necesario sustento, ni que cometiese ningún desafuero en pañales o camisa. Su limpieza y pulcritud rayaban en maravillosas, y a Pura y a Mizucha solíamos decirlas, cuando comían con los dedos o se pringaban de sopa los hocicos:

—Mira la Nené, que no se baba y no es una puerca marrana como tú.

Y cuando había que cambiarlas el vestido o quitarlas unos pantalones húmedos:

—La Nené nunca hace chis en la ropa. Es una monada ver lo aseadísima que se conserva. No rompe los vestidos ni los zapatos andando arrastra por la habitación.

En electo, la Nené, pues con este nombre habíamos bautizado familiarmente a la huéspeda, guardaría intacto y fresquísimo su traje de raso rosa con encajes negros, si mis hijas, sobándola y abrazándola y desnudándola y vistiéndola otra vez, no la ajasen sus trapitos de cristianar. Por lo cual se determinó que convenía hacerla una bata de percal sencilla, para diario, que se encargaron de cortar mis hijas pequeñas, y salió como de tales manos, con cada candil que daba miedo. También se creyó que se la debía resguardar la ropita interior, y en lugar de la enagua y pantalones de deshilado muy tieso, con puntillas ordinarias, se la hizo una camisa de lienzo, y un refajo de franela, a causa del frío.

Lo más meritorio de Nené, entre tantas buenas propiedades y ejemplares virtudes, era la sobriedad. Las tentativas de mis hijas de hacer comer fruta, probar una cucharada de dulce o deglutir un sorbo de vino, resultaron completamente frustradas. No la engolosinaban ni los caramelos: se dejaba embadurnar los carrillitos; pero en cuanto a abrir la boca para chuparlos... ni por asomos. En cambio dormía como una marmota. Indistintamente echaba su siesta en el sofá, sobre una mesa, reclinada en una butaca, debajo o dentro de una cama, en las posturas más incómodas, cabeza abajo, patas arriba, desabrigada o sin abrigo. Para hacerla conciliar el sueño, y que sus párpados recubriesen sus ojos lentamente, bastaba con tirar de un alambrito que tenía entre los dos omoplatos.

Sí... Nené era una muñeca, ya que ha llegado la hora de decirlo. Una muñeca artística, lujosa, parlante, de un coste elevadísimo, con cara, manos y pies de porcelana-bizcocho, con peluca de verdadero pelo, traída de París directamente al bazar más elegante y surtido de Marineda. Su precio había asustado a todo el mundo, menos a doña Milagros, que se paró embelesada ante el escaparate donde aquel hermosísimo simulacro de infancia se exhibía. Y con las manos juntas, la lengua seca por el ardor del deseo, los ojos encandilados, exclamó a gritos:

—¡Ay Jesú, María y José! Si paese un chiquiyo e veras.

Era de oír cómo contaba la buena señora sus reflexiones y cálculos en presencia de Nené, las vueltas que dio a la idea de adquirirla para tener luego el gustazo de figurar que era una niña que le había nacido, y a la cual sería preciso vestir, adornar y componer lo mismo que a una criatura verdadera. Pero treinta y siete duros que el ladrón del tendero pedía por la muñeca, son una suma capaz de asustar a la persona más hambrienta de sucesión. La comandanta batallaba entre sus ansias maternales y su prudencia económica. Como lo mismito le pasaba a toda la gente marinedina, ganosa de poseer aquel magnífico juguete y retraída por la salsa, sucedió que el dueño del bazar, cansado de ver a la muñeca eternizarse en el escaparate, discurrió rifarla con cédulas de a real. ¡Gran negocio! todo Marineda compró papeletas de la rifa; doña Milagros adquirió ella sola por valor de dos duros, no sin consultar los números con un San Antonio que tenía a la cabecera, y que, según la señora, era muy perito en esto de acertar los que saldrían gananciosos en los sorteos de la lotería. Y en efecto, San Antonio acertó de medio a medio, pues la muñeca vino a parar a casa de la comandanta.

No necesito pintar el regocijo de la agraciada. ¡Y mis niños! Creí que se volverían locos. Las más pequeñas no cesaban de bajar al piso de la comandanta para ver qué le sucedía a la niñita nueva. De tal modo se cebaron en admirarla, manosearla y acariciarla; y tal idolatría les entró por ella, y con tal ansia se desvivían por acompañarla a todas horas, que la generosa doña Milagros, en uno de sus arranques, nos envió a Nené, regalándosela en propiedad a mis hijos, a condición de que la cuidasen mucho y la gozasen por turno, sin peleas.

Aquella atención me conmovió. Entre mis defectos y malas propiedades para vivir en la sociedad actual, tuve yo la de un agradecimiento casi enfermizo. Cualquier favor que se me hiciese lo estimaba de suerte que en vez de causarme satisfacción me producía una especie de dolor; con tal urgencia anhelaba pagar, cumplir, restituir el préstamo. Procediendo de doña Milagros, me enternecía más cualquier rasgo de bondad. ¡Espontáneo y gracioso obsequio!

¡Ay! Bien necesitaba consuelos mi espíritu; bien necesitaba algún halago; bien necesitaba la solicitud de Feíta y el fundente corazón de la comandanta, para olvidar nuevas angustias que comenzaban a asediarme, y de las cuales quiero decir algo, porque si son del orden inferior y humilde, en mi existencia pesaron de tal modo, que las sentí atirantar mi cuello como lo atirantaría una piedra de molino.

Es el caso que aquel año, en que tan bien se presentó la cosecha de niñas de carne y hueso y de niñas de porcelana-bizcocho, anduvo rematadamente mal la del centeno en la montaña, y no mucho mejor la del trigo en la llanura; y el gobierno, que sin duda tuvo soplo, recargó un poquito más la contribución territorial, ejemplo que siguió el municipio en la de consumos; y en el reparto, que se hizo con arreglo a las órdenes del cacique comarcano, me echaron a mí, pobre hombre sin mangoneo ni influencia, todo el peso de la cuota. Para mayor dolor, cuando la simiente de la cosecha nueva empezaba a germinar, descargó un airado pedrisco, y la mayoría de los caseros vino a pedirme prórroga, llorando a moco y baba, diciendo que de fijo yo no me proponía acabar con ellos ni echarlos a pedir limosna por las carreteras. Uno de ellos, anciano ya, me conmovió profundamente.

Llamábase el tío Farruco de Cornide, y era de mis mejores y más antiguos arrendatarios montañeses. Casero de mi padre había sido el suyo, y de padres a hijos se sucedían en el lugar. Cuando el tío Farruco acudía a pagar su renta, reuníanse mis niños en la antesala para verle, pues venía muy majo y bien portado, con su ropa de las fiestas: chaqueta y calzones de rizo azul, botonería de filigrana de plata, camisa blanquísima de lienzo del país, pañuelo de seda carmesí atado bajo la montera de terciopelo, y rebasando del pañuelo los mechones de plata de sus canas.

Acompañábale siempre alguno de sus hijos o yernos, portadores de ancha cesta donde se amontonaban, cubiertos por níveo aunque grueso trapo, el pago en especie y los rústicos obsequios de aquellas gentes sencillas. La renta en especie consistía en tres pares de lucios y amarillentos capones, con las enjundias clavadas por medio de una pluma a las rollizas zancas, y en varias orzas de manteca; los regalos, en huevos, quesos de tetilla, una olla de miel, dos o tres tortas con pedacitos de azúcar sembrados por cima. Estas provisiones hacían que la llegada del tío Farruco, que ocurría generalmente hacia Navidades, fuese una especie de solemnidad para la familia, prestando a nuestra mesa, por espacio de algunos días, sana abundancia. Esta vez, acontecida la muerte de mi esposa, nos afligió a todos la venida del arrendatario. Al darme el pésame con labriegas razones, al pobre viejo se le llenaron los ojos de agua, acordándose de mi propia viudez y de su difunta, «una loba para el trabajo, señor». Y cuando decía esto vi en su cara atezada, de firmes líneas, como bronceada por el Sol y el aire, una expresión de dolor verdadero. Después, sin transición, pasó a las cuestiones prácticas, y en solapadas frases me dio a entender que era preciso tener influencia y mezclarse en elecciones, como hacía mi cuñado Garroso, pues si no las contribuciones se lo comían a uno.

—En otro tiempo, señor —dijo el viejo en su dialecto, sacudiendo la cabeza melancólicamente— bastábale a un hombre ser honrado y trabajar para comer pan; los holgazanes y perdularios eran quienes se morían de hambre; los que echábamos mano al azadón y al arado teníamos el pote seguro. Hoy día ya no sucede así. De poco sirve que uno se mate a trabajar y se reviente labrando la tierra. No trabajamos para nosotros, señor mi amo, créame, que es como el Evangelio: trabajaremos para los pillastres de los recaudadores y para el maldito chupón Gobierno, con perdón de usted, que los envía a sacarnos el jugo. Los que se meten en tracamundanas políticas, esos aún van saliendo avante...; pero los moros de paz, que callamos y apretamos los puños, pagamos por todos, y estamos ya que no sabemos si vale más vivir o morir de vez.

Y el viejo, después de sonarse con un gran pañuelo de hierbas, volviéndose hacia la pared por cortesía, añadió:

—Señor mi amo, ya sabe si el tío Farruco de Cornide, en toda la vida que lleva de ser su casero, le ha pedido nunca espera ni rebaja. Pues señor, hoy se la tengo que pedir, y si me la niega, se acabó el tío Farruco y la casa del tío Farruco. Siquiera hasta allá por julio o agosto no puedo pagar, señor, a no ser que lo vaya a pedir prestado y me envuelva en réditos, que aún es mejor para mi hombre echarse al río con una piedra al pescuezo, bien gorda. Si así vamos, señor amo, y las contribuciones no amainan, y si ahora no me da un poco de espera, yo, que, lavado sea Dios, nunca me avergoncé delante de nadie, porque, bendito Asús, he sabido trabajar, andaré a pedir limosna.

—Andaremos todos, tío Farruco —respondí haciendo grandes esfuerzos por ocultar mi angustia—. Vaya tranquilo... y en julio, si puede...

—En julio, señor mi amo, pierda cuidado... ¡Mas que no comiese pan todo el invierno!

Había traído el viejo, a falta de las moneditas, su acostumbrado cestón, y lo destapó humildemente, significando que hacía cuanto estaba en su mano, daba la penuria de los tiempos. Vi asomar las patas amarillas de los capones, que se me figuraron bastante menos orondos que de costumbre; diríase que la brujería del fisco chupaba la enjundia de aquellas suculentas aves, como si ellas fuesen a modo de esquema o representación del contribuyente. Hasta los huevos me parecieron desmedrados, la manteca rancia, los quesos chicos y duros, sin aquella suave morbidez de otras veces, que, unida a su forma ubérrima, los convertía en adecuada imagen de la agricultura fecunda, maternal, nutriz de las naciones.

¡Bien sabe Él que todo lo sabe la falta que me hacía el dinerete que solía traer el viejo, y el que por fuerza hube de perdonar, atendida la miseria de la añada, a otros caseros más necesitados aún! Entre el parto, el bautizo, la enfermedad y entierro de Ilduara, las incumbencias de la testamentaría y otros mil agujerillos más, me vi con el agua al cuello antes de que llegase la primavera. Y la conciencia me obliga a que declare dos cosas, para honra y buen crédito de dos personas: primera, que mi nunca bastante llorada Ilduara dejó una reservita, una pequeña alcancía, caso portentoso, pues no sé cómo pudo ahorrar un céntimo con las infinitas y apremiantes atenciones que por todas partes nos rodeaban; segunda, que Moragas, cuando le supliqué que fijase sus honorarios de comadrón y médico, me miró con una expresión que no olvidaré nunca, y contestó en tono guasón, pero dejando transparentar una piedad inmensa:

—¿Que qué me debe usted? El médico es quien debía pagarle a usted algo, porque le engañó, y en vez de una boquita para mamar, le trajo dos... Pero en fin, si se empeña usted en mandarme cuartos, mándeme los que guste, en la inteligencia de que cuantos menos sean, más contento he de quedar.

Inverosímil parecerá este desprendimiento: los médicos pasan plaza de ávidos y codiciosos, y se refieren cosas espantables sobre sus cuentas. Yo creo que en esta profesión hay de todo, y si la pasta archibuena de Moragas no abunda, tampoco serán regla general esas atrocidades de un galeno que pide por un parto miles y miles, y de otro que tasa a peso de oro la operación que solo él sabe ejecutar con maestría.

Volviendo a mis apuros, diré que, a pesar de las economías de Ilduara y del noble desasimiento de Moragas, me hallé tan ahogado al acercarse la primavera, que acepté con júbilo la proposición que me hizo bajo cuerda mi cuñado Garroso, de comprarme ciertas pensiones que le redondeaban un partidillo de renta a él. Mi difunta esposa siempre se había opuesto a esta venta, más bien por la tirria que profesaba al cuñado, que por apego a las pensiones. No en cambio me avine sin gran dificultad a deshacerme de ellas: al fin una pensión no es tierra, no son bienes. He sido educado en el culto de la tierra, la tierra la consideré sagrada. Parecíame que debía dejarme cortar una mano antes que vender un pedazo de tierra: así entendía mis deberes de propietario obligado a guardar y transmitir a mis hijos la herencia de mis antepasados, chica o grande. ¡Quién me dijera que con estos principios...! En fin, ello es que entonces enajené las pensiones y pude respirar y cubrir necesidades urgentes.

Por aquellos días Baltasar Sobrado, dueño de la casa donde habitábamos, me pasó aviso de que le era imposible seguir dejándome el piso en el precio convenido, y subiéndome un duro al mes. No son un caudal doce duros al año; pero para una familia tan numerosa y un presupuesto tan exiguo, no hay gasto pequeño, y con doce duros se calza a seis criaturas. Llamé a capítulos a mis dos hijas mayores, y las consulté si convendría tomar una casa más barata, aunque careciese de vista al mar y se encontrase situada en punto no tan céntrico; pero convinimos en que una mudanza cuesta bastante más de doce duros, y que se debía aguantar aquella existencia intempestiva y vejatoria. Con secreta alegría permanecí bajo el mismo techo que cobijaba a doña Milagros.

En vida de Ilduara no me incumbían estos detalles; me enteraba de ellos de noche, a oscuras, en la intimidad del tálamo (pues de día nunca se está solo en casa de familia tan numerosa). Allí, marido y mujer nos hacíamos confianzas sobre el estado económico y las crisis pecuniarias (que eran el pan nuestro de cada día), y nos comunicábamos nuestras inquietudes respecto a probables subidas del aceite, falta de peso en la carne o sisas de la fámula... No puedo explicarme la razón por que me era imposible hablar de todo esto con mis hijas. Parecíame que la paternidad me imponía el deber de no afligirlas con cuestiones de dinero, y de darlas, como el ave a su pollada, la pitanza y el nido sin que tuviesen una hora de preocupación por tales miserias. Al absolutismo de Ilduara había sustituido una oligarquía que dificultaba mucho el gobierno. Todas mis hijas querían mandar; ninguna se sujetaba a la autoridad de Tula, y si ella disponía una cosa, era lo suficiente para que no se ejecutase o se hiciese enteramente al revés. Tula por su acritud y su falta de prestigio; Clara por su prudencia y poca afición a luchar; Argos por lo que la abstraía la devoción; Rosa por su frivolidad; Constanza por su insignificancia, no se prestaban a regir aquel estado diminuto; y las únicas personas a quienes yo enteraba de la marcha de los asuntos domésticos, fueron —ya lo supondrá, lector— doña Milagros y Feíta. A la comandanta la hablaba de las grandes líneas de mi situación, del miedo al porvenir, de la inquietud de verme viejo, morirme el día menos pensado, y dejar a once mujeres —algunas de ellas niñas— sin amparo, casi sin recursos, sin elementos para sostener su posición social. Con Feíta solía conferenciar sobre menudencias terribles, la cuenta apremiante, el mueble desvencijado o la prenda de ropa que necesitaba sustitución.

Recuerdo que una tarde lluviosa, encontrándonos sentados alrededor de la tibia camilla —mientras Feíta daba vueltas a un serón de paja del verano y lo forraba con un retal de merino negro, para sacar un sombrero de invierno de riguroso luto, y doña Milagros arrullaba y entretenía a Media, agitando un sonajero para divertirla y meciéndola después para que conciliase el sueño— a propósito del sombrero aprovechado se suscitó la conversación de lo caras que cuestan las mujeres, de lo imponente de la partida de trapos y moños, por modesta y sencillamente que se vista.

—Es lo que yo le digo a papá —exclamó Feíta con viveza y energía suma, escupiendo el cabo de hilo que la estorbaba entre los labios—. No hay mayor desgracia que reunirse tantas Marías como aquí nos hemos reunido. Si en vez de mujeres fuésemos hombres, saldríamos adelante, ¡vaya si saldríamos! Pero esto es un gallinero. No entiendo qué será de nosotras, porque realmente no servimos más que de estorbo.

—Hija... estorbo precisamente, no —observó doña Milagros dando palmaditas en las nalgas a Media, arbitrio muy eficaz para que los rorros concilien el sueño—. Si os quedáis para vestir santos, no digo... pero... encontrando maríos buenos, como el mío o como tu padre...

—Sí señora... Esos maridos buenos se encargan a París y vienen del Printemps ya preparaditos y atados con cintas de color —exclamó la chicuela—. ¡Anda! ¡Bonitos están los tiempos para maridos!

—¿Qué sabes tú, pispajo?

—¡Vaya si sé! ¿Soy alguna tonta? No parece sino que aquí llueven maridos. ¡Eso quisieran mis hermanas!

—¡Calla, trasto! Si te oyen...

—¡Qué han de oír! Tula, por no perder la costumbre, está regañando a la cocinera; Clara durmiendo la siesta, ¡porque es más comodona! se ha propuesto ver lo que dura una chica bien cuidada... Rosa... colgada de la ventana, a ver no se qué, los charcos, porque diluvia; y Argos... en la plática del Padre Incienso. Constanza... papando moscas, por variar... y las otras... Las otras no entienden aún.

Reímonos, y la chiquilla, engreída, prosiguió:

—Ya ven: Tula me parece a mí que está madurita; además, por casarse, se casaría con el perro de San Roque... Pues el perrito no parece... Clara ya no cumple los veintiséis... Pues tampoco pasa un alma por la calle. Rosa es bien guapa... La miran muchos... la dicen tonterías... pero todo jarabe de pico. Argos... ¡A esa, no siendo que la hagan el amor los monaguillos...!

—Hija mía —dije interviniendo con tono de severidad que exhorta—, una señorita, si no encuentra marido, no tiene por qué apurarse; como que probablemente se ahorra mil penas y sinsabores... En su casa está muy bien. Tú no entiendes de eso.

—Entiendo —afirmó con aplomo—. En su casa, la señorita se aburre. En su casa se pone hecha un alacrán, papaíño. Si Tula rabia tanto por cualquier cosa, es que está pirrada por casarse. Que aparezca el novio, y verás una paloma. ¡Pues Rosa! ¡Pues Argos!

—¿Argos dise? ¡Hijita del arma! —intervino doña Milagros, que ya había dormido en su regazo a la nena—. ¡Anda! Si parece que está tu hermana elevá al quinto sielo! ¡Si es una santiya! ¡Si eya confesar, eya comulgar, eya resar to el día y toa la noche, eya metía en aquel saco de estameña de hábito del Carmen! ¡Si edifica, mujé, edifica!

—Bueno, bueno, pues es... es porque... precisamente... quiero decir... En fin, que por lo mismo... y aunque a ustedes les parezca así... una cosa rara, de tantísimo comerse los santos...

La chiquilla se confundía y embrollaba, no sabiendo cómo expresar la idea. Al fin, retorciendo un alambre, añadió:

—Tula, y Rosa, y Argos, y todas, pero todas, lo que esperan y lo que piden es casaca, papá... ¿No podrías tú hacer algo para que encuentren marido? Y usted, doña Milagros, que es tan amiga nuestra, ¿no podría ayudarnos? Allá en su tierra de usted probablemente los maridos abundarán más que aquí... usted, ¿cómo hizo para casarse?

—¡Miren el cascabeliyo este, y qué cosas pregunta! —exclamaba doña Milagros perdida de risa, tocándome familiarmente en un hombro y empujándome: confianza que me supo tan bien, que me alentó a abrir el corazón.

—¡Ay, amiga mía! Este cascabel no va muy descaminado. Hay algo de razón en los desatinos que hilvana... Mentiría si dijese que no cavilo en lo del establecimiento de las niñas... ¡Qué harán cuando yo falte! ¡Qué va a ser de ellas, con pocos intereses, sin guía ni dirección, sin nadie que las quiera y las aconseje, porque mi hermana nos odia y su marido nos vería gustoso ir descalzos! ¡Qué destino espera a estas chiquitas, las que Dios me envía tan tarde, cuando ya no puedo esperar fundadamente que las veré con uso de razón!

Al oírme decir esto, la comandanta fijó en mí los flecheros ojos, se puso seria, y vi que sustituía a la risa un enternecimiento evidente y el gesto del que va a decir algo que hace tiempo le hormiguea en el corazón. Cogiome la mano; me la apretó tiernamente, y mientras yo, trémulo, no me atrevía ni a devolver el amistoso halago, murmuró en el tono con que una santa se ofrecería a rezar por un devoto:

—Misté, don Benisio... no apurarse... Dios aprieta... pero no ahorca. Usté es mu bueno... y yo le tengo... vamo... una ley, ¡que aunque fuéramos hermanos de padre y madre! Pues usté... siempre y cuando quiera dejar amparás a las pequeñiyas... a estas... a este par de pendientes de perla engarsaos en oro... me las da, y me hase usté felis... ¡tan felis como si me regalase un miyón! Yo no he tené chicos... allá yo me entiendo: no los he tené... y si la Virgen me encomendase estas presiosidaes... loca, vamo, loca me pongo de enserrar... Usté me da las rosiyas de pitiminí; yo las hago de mamá; parentela no hay que gruña por herensias; una tía tengo ricachona, y lo suyo pa mí es... y lo mío pa las reinas mellisas, y a usté le quean toavía nueve... ¡nueve chavalas!... que me parese bastante. ¡Se contesta... hombre... se contesta! ¡No digo nada que ofenda! Y lo digo como si hablase a Dios.

85

El calorcillo de la mano; el magnetismo de los ojos; lo afectuoso de los conceptos; la generosidad de la proposición, todo me conmovió de suerte que tuve harto quehacer en reprimir las lágrimas. Tartamudeando, articulé unas gracias confusas. Doña Milagros me apretó la mano más fuerte, metiéndome en la piel sus torneados dedos, como si sellase un pacto.

—¡Es que no va de guasa... hablo formal... formal!... No pueo yo vivir sin las gatiyas... Si me trasláan o se va usté... no quiero pensá la que me espera. Cojo yo cariño a too; a un gato, a una escoba... pero a estas... no es cariño, que es chiflaúra... ¡Es un delirio, una enfermedá!

Oyose en esto la voz de Tula, que llamaba a gritos a Feíta para reclamar no sé qué objeto que no parecía por ninguna parte. Y al quedarnos enteramente solos, la comandanta, llegándose a mi oído y hallando tan de cerca que sentí en mis mejillas el divino calor de su aliento, balbució:

—Si a veses se me mete en el arma que no las parió su mujer de usté, Dio la haya perdonao. ¡Qué iba a parirlas eya! ¡A fe de Milagro, que me han salío a mí de la entraña!

VIII

Prestábame doña Milagros diariamente el gran servicio de acompañar a mis hijas a que tornasen el aire por sitios retirados —paseos largos, como se dice en Marineda—, a la estación, a las afueras, a todos los lugares no vedados por el rigor del luto. Conviene advertir que las muchachas llevaban el de su madre con exagerada puntualidad. Salían hechas unas tapadas de la época de Felipe IV, con vestidos de lana escurridos y sin adornos, y larguísimos mantos de beatilla con tupido velo de crespón, que, por delante, les llegaba casi hasta los pies, dejando entrever en confuso esbozo las facciones. Verdad que bajo aquella apretada celosía se adivinaban rostros espolvoreados de arroz, cabelleras bien peinadas y artísticamente rizadas, moños de construcción arquitectónica, formas turgentes delineadas por la estrecha cárcel del faldellín, piececitos calzados con esmero y manos cuidadosamente enguantadas. Diré más: tanto recato y tenebroso misterio realzaban mucho los atractivos juveniles, y parecían las enlutadas un enjambre de negras mariposas. La identidad del vestido y del tocado multiplicaba el efecto de la hermosura, bien como en los escaparates fascina más un objeto repetido o presentado en gran cantidad. Empezó entonces a correr por Marineda la fama de que eran muy bellas mis hijas: lo cual si pudo afirmarse de Rosa y Argos, no tanto de Clara, y Constanza mucho menos; mas ya se sabe que donde hay varias hermanas, una nota dominante de belleza o fealdad se aplica en general a todas.

Comenzaban a estar de moda las de Neira; a disfrutar de ese favor del público que en provincia dura tan corto tiempo, pasando enseguida la gente a cansarse de las muchachas lindas, como se cansan de las actrices y de las celebridades. Lo cierto es que, desde el luto, se hicieron populares mis niñas, y muchos de esos oficiosos que nunca faltan, me llamaron la atención cerca de si convenía al buen nombre y crédito de tan guapas chiquillas dejarlas autorizar por doña Milagros. Mauro Pareja, alias el Abad, me dijo con aparente candor en la Sociedad de Amigos:

—Ya veo a sus preciosas hijas. Las encuentro por ahí... por los andurriales. Siempre con la comandanta de Otumba, ¿eh? ¿Es parienta de ustedes la comandanta de Otumba? A quien echo de menos es a Argos... Esa se quedará en San Agustín, admirando al Padre Incienso, que es el predicador y el confesor de la crema. El otro día oí decir que Díaz del Alimón le comparó al Padre Ravignan y luego al Padre Jacinto... Sospecho que Díaz del Alimón no ha leído ni al uno ni al otro.

No era yo tan lerdo que no entendiese la ironía de la preguntita acerca del parentesco de doña Milagros. ¡Parentesco! ¡Oh mundo que te pagas de formalidades externas y del mecanismo del azar! ¡Mis parientes! Una hermana que me había despojado, un hermano político que afilaba las uñas para no perder hilacha de lo que yo soltase... Nuestros parientes son los que nos aman, los que nos auxilian, los que nos dan calor de afecto... Y con ira reconcentrada respondí al Abad:

—Sí señor: soy próximo pariente de doña Milagros.

Ya no podía sufrir la guerra de mordaces reticencias y mordaces calumnias, la cobarde Cruzada contra la señora de Llanes. Nadie acababa nunca de decir en qué consistían las maldades de esta. Yo que la veía a todas horas, yo que era su amigo, me creí en el deber de sacar la cara por ella, y a ir cara insinuación más procaz que otras, respondí proclamando a la comandanta de Otumba la mejor señora del mundo.

Mi arranque caballeresco dio que reír. Y cuando me vieron atufado, furioso, recogieron velas de un modo significativo. Saqué en limpio sus medias palabritas que me creían loco de amor por doña Milagros. La hipótesis no me ofendía, pero me desatinaba, porque podía manchar aquella honra limpia como un espejo, pese a canallas malsines.

Confieso que, después de la gresca, pasé dos o tres días muy malos. ¡Yo, casto y limpio; yo, enemigo de infringir la ley, acusado de tan ilícitos tratos, de tan impuros propósitos! Estudiaba con anhelo la cara del comandante Llanes, a ver si revelaba enojo; moraba ansiosamente a doña Milagros, por si fruncía el ceñito o se le nublaban las pupilas; observaba a mis hijas, por si maliciaban algo. Nada alarmante noté. Las chiquillas conservaban su misma actitud de siempre respecto a la comandanta: Tula, hostil, bufadora como gato montés; las demás, cariñosas; algunas, apasionadas, porque al fin la comandanta las complacía y halagaba como jamás lo hiciera su madre. Comencé a tranquilizarme, diciéndome a mí mismo:

—Ven acá, infeliz. ¿Piensas tú enfrenar las lenguas? Más fácil te sería atar las hojas de los árboles. ¿Cómo has de evitar que digan todo género de absurdos? Y es que ni siquiera los dicen, tonto. ¿No lo ves? Cuando quieres precisar, poner el dedo en la llaga, nadie da cuerpo y nombre a la calumnia: ¡frases vagas, indicaciones traidoras, reticencias embozadas, que no resisten el enérgico empuje de tu honrada conciencia! Eres run-run insidioso, en cuanto se le acosa de cerca, se desvanece. Es cobarde porque es infame. Combatirlo es pretender atravesar con una espada un fantasma de niebla: la espada pasa al través, y el fantasma como si tal cosa. No; no incurras en la niñería de lidiar con nubes. Desprecia esas calumnias, ellas caerán de suyo. Si te alborotas, solo conseguirás arrojar una mancha verdadera sobre la reputación de la angelical señora. La murmuración no encontraba asidero: lo buscará en ti, y entonces sí que se cebarán en ella sin miramiento alguno. Lo que hoy no pasa de broma, tomará carácter serio, y la desgraciada caerá bajo el peso de una grave acusación, que llegando tal vez a oídos de su marido, estorbará y quebrantará para siempre vuestra amistad. ¡Lenguas viperinas! ¡Sociedad inicua, mundo malo, malo, malo! ¡Qué felices son los que no tienen que habérselas contigo! ¡Qué dichosos eran los frailes, y al mismo tiempo qué sabios! ¡Venturoso estado el suyo! ¡Por qué se habrá acabado la costumbre de retirarse a los conventos!

El resultado de todo fue que sentí hacia la comandanta un delicado respeto unido a inexplicable ternura. Sus palabras me embelesaban; su gracia y monería en hablar me tenían cautivo, y me hubiese pasado veinte años oyéndola el ceceo y los dichitos salados y graciosos. Cualquier tontería contada por ella adquiría el mérito de la sandunga. Escuchándola llegué a creer que cuanto le sucediese a aquella mujer merecía la pena de referirse, y que a cada paso le ocurrían cosas chuscas, reideras y donosas, que no nos pasaban a los demás. Como todas las personas de individualidad muy acentuada y típica, doña Milagros parecía crear vida alrededor de sí; diríase que la trama de la existencia diaria, tan pálida, vulgar y monótona, para ella estaba entretejida de hilos de color y de pajuelitas de oro. En mi casa hacía Sol cuando entraba doña Milagros.

Estaba entonces la señora en temporada humorística, pues todos los días tenía algo que contar del asistente, a quien por sus torpezas apodaba Gedeón. Las gracias de Gedeón eran inagotable tema de risa. Subía doña Milagros agitada y abanicándose con un periódico; dejábase caer en el primer asiento que encontraba a mano, y emprendía el relato de las gedeonadas. Gedeón había servido en el mismo asafate el chocolate de ella y las botas embetunás de su marido; Gedeón había cepillado un traje de lana a pintitas, y persuadido de que cada pinta era una mancha, medio había deshecho la tela; Gedeón había colgado el cuadrito de San Antonio cabeza bajo; Gedeón, con las abrazaderas de las cortinas de la sala, había adornado la mesa. «Hoy ese mardito me hiso pedasos la compostera buena, sin más que cogerla así, entre el purgar y el dedo índise... Yo le dije: ¡Mira, Gedeón, borrico de mi arma, que te aviso que pa otra ves que derrames el dulse por el piso, te hago lamer el suelo con la boca... hasta que no quee rastro...! ¡Ay Jesú, don Benisio! Los asistentes aquí son muy rudos. No se puede con eyos». De pronto la veíamos echar a correr sobresaltada: «¿Qué pasa?». «Na; dime que hay que colar un caldo, y tengo miedo de ese Gedeón me lo cuele por un calsetín». Las chapucerías de Gedeón se habían hecho proverbiales. El pobrecillo era un quinto montañés, a quien el comandante había escogido para asistente mediante no sé que recomendaciones que no podía desairar; pero tan cansada estaba doña Milagros de sus fechorías, que había intimado al señor de Llanes la orden de desenterrar un mozo listo, limpio y útil, «una cosa desente».

Aquella temporada noté pocas ganas de salir, y cierta repugnancia a la Sociedad de Amigos y hasta al tresillo. ¿Sería que estaba casi seguro de encontrarme siempre allí dos o tres prójimos dispuestos a hincar el diente ponzoñoso en la honra de doña Milagros? Lo cierto es que prefería quedarme en casa. Transcurrido el primer mes del luto, habíamos armado una tertulia. Era de toda la confianza imaginable y posible: mis niñas cosían o bordaban, revolvían figurines, consultaban catálogos del Printemps, comentaban noticias de amoríos, bodas, teatros y fiestas, y doña Milagros elaboraba una constelación, o sea un cubrecama de gancho en que entraba la friolera de trescientas y no sé cuántas estrellas. Oíase fuera el ruido de la lluvia y del viento, y junto a la lámpara diálogos de este jaez:

—¿Cuánto cuesta ese vestido de armure negro, con adorno de azabache?

—Sesenta francos... doce duros.

—¡Ay, Jesús, qué baratito! Chicas, si es de balde. Aquí, entre forros, corchetes, aceros, una cosa y otra, subiría doble. Yo me voy a encargar la corbata con encaje... porque también es una ganga. ¿Qué querrá decir esto de bonito paf?

—Es un puf... ¿no lo veis? Un puf... ¡Ay! este catálogo está lleno de disparates.

—Enséñame las muestras, Rosa... ¿Cuál te gusta a ti?

—¿A mí? La verde y oro... La azul gendarme... La fresa, ¡sobre todo la fresa!

Quien llevaba la batuta en lo concerniente a trapos y moños, era Rosa. Podría afirmarse de ella que ni existía ni respiraba sino para emperejilarse. Lo exiguo de nuestra bolsa no permitía a Rosa desarrollar su vocación; pero cada cual hace lo que puede, y dentro del límite que por fuerza tenían sus gustos, Rosa hacía prodigios. Ingeniábase para variar de adornos sin comprar ninguno nuevo; volvía al revés los trajes; les añadía perendengues, volantes aprovechados; la pasamanería que guarnecía la falda subía al cuerpo, y a la falda bajaba el fleco de las hombreras, repartido en golpes... Veía en un escaparate algo nuevo y caro; suspiraba, daba cien vueltas en redor del vidrio... y en casa, con vejeces, imitaba al punto la novedad. Siempre estaba refrescando sombreros, improvisando cinturones, forrando manguitos o planchando encajes. Su lectura predilecta consistía en figurines; su encanto eran las crónicas de sociedad y los ecos de salón. ¡Pobrecilla! Su mundo ideal no estaba a su alcance.

Algunas noches venía a pasar un rato con nosotros el casero, Baltasar Sobrado, persona muy bien acogida de mis hijas, porque les traía siempre noticias frescas, chismes picantes, sazonados con la sal y pimienta de su experiencia del mundo. Sobrado había sido militar y casado con mujer rica, de la cual estaba viudo hacía cinco años; había corrido mundo y tratado gentes, y no carecía de despejo y facilidad para la conversación. Se le sabía una aventura añeja con cierta cigarrera muy hermosa, Amparo, por mote *La Tribuna*. De esta historia había recuerdos vivos; un niño, hoy un muchacho tipógrafo, socialista, que se hacía llamar el compañero Sobrado. A Baltasar le escocía fuerte todo esto, y no aludía jamás a sus mocedades.

¿Vendría a mi casa atraído por la belleza de alguna de mis hijas? Esta idea se me pasó por la cabeza, pero no tardé en desecharla, porque la sustituyó otra muy cruel. El verdadero imán para el opulento viudo era doña Milagros.

Recordé la afirmación de Ilduara, que aseguraba haber visto a Sobrado siguiendo por las calles a la andaluza. Me fijé en ciertas disimuladas atenciones, en ciertas galanterías que, con bastante cautela, tributaba Sobrado a la señora. No presumo de observador ni me paso de malicioso; pero hay cosas que solo no las ve el que no quiere verlas, y el ya antiguo pleito entablado con toda la ciudad de Marineda sobre la virtud de doña Milagros, me abrió el ojo y me despabiló el entendimiento en semejante coyuntura. «Ahora se averiguará —pensé— si tienen razón los que zapatean a esta mujer ejemplar, modelo de esposas y de madres... es decir, de madres no, porque la naturaleza no ha querido que llegue a serlo; pero ¿qué le falta para la maternidad? Lo material y fisiológico: moralmente, ¡qué madre más sublime!... Ya no dirán que es buena porque nadie la asedia: aquí tenemos el escollo. Sobrado no es viejo, está muy bien de figura, viste con primor, su trato es agradable, y reúne una circunstancia de gran peso en esta sociedad corrompida: dinero, posición; es socio de la casa Sobrado y Compañía; es de las personas más consideradas de Marineda... Ahora, ahora voy a cerciorarme de que esta mujer no es de frágil cristal, sino de oro purísimo... ¡Ah! Yo velo, seductor, calavera infame y disimulado... Te juro que no ha de escapárseme la más leve de tus artimañas. En caso de necesidad, prevendré a la bendita a quien tratas de corromper... ¡Ojo, Sobrado! Estoy aquí».

Me puse alerta y atisbé. Ninguno de los artificios del rancio burlador de cigarreras se me escapaba. Llevaba cuenta de las medias palabritas, de las blandas insinuaciones, de las miradas de recojo, de las maniobras para colocarse al lado de la andaluza y poder hablarla en secreto.

Sin duda el galopo de Sobrado, no atreviéndose a intentar el asalto a domicilio por miedo al comandantazo Llanes, se había deslizado en mi casa y elegídola como aguas neutrales, digámoslo así. A mí probablemente me tenía por un memo, un alma de Dios, a quien le pasan las cosas por delante de los ojos sin que se entere; y a mis hijas, por unas vanidosuelas tontas, pagadas de su hermosura, y persuadidas de que todo el que se aproximase a ellas caía vencido. Como que fingía cortejar a Rosa; pera yo veía la hilaza. Sí, la veía. ¡Ah! Aunque sencillo, no tan bobo, caballero Sobrado.

Lo pescaba todo, todo: el mirar de borrego moribundo, las tentativas para juntar sillas desviadas, las capciosas preguntas, las intentonas audaces, furtivas, cuya insolencia me arrebataba a la cabeza la sangre...

Un día vi más. Por cierto que estuve a punto de echar a rodar los miramientos. Necesitando doña Milagros retirarse de la tertulia más temprano que de costumbre, Sobrado, mientras la señora recogía la labor, recordó que tenía también una ocupación urgentísima y se ofreció a acompañar a la andaluza y darla el brazo por la escalera. En efecto, bajaron de bracete, y quedé más muerto que vivo, presa de tan fiera inquietud, que no sé cómo no salí corriendo detrás de ellos, para impedir que la noble sencillez de doña Milagros la hiciese víctima de alguna infame asechanza. Sin embargo, no hallé pretexto; hube de mascar el freno: la noche que pasé fue de las más negras de mi vida: se me figuraba que era mi deber proteger a doña Milagros, arrebatarla de las uñas del lobo; y me acusaba por no haberla hablado francamente, advirtiéndola del riesgo que corría su honor.

Tanta zozobra y amargura se transformaron en una alegría inmensa, loca. Porque ignoro lo que pudo suceder entre el casero y la inquilina, pero es lo cierto que él no volvió a presentarse en la tertulia, ni doña Milagros a mentarle sin decir: «Ese mamarracho... ese pedaso de monigote, que me quería dar la casa de balde...». Y no pudo caberme la menor duda de que, en aquella empresa, don Baltasar había ido por lana para salir trasquilado. Lo que más me demostró el fracaso del tenorio burgués, es que desde entonces se dedicó a sacarle a doña Milagros el pellejo a tiras en la Sociedad de Amigos, dejando aparte el pérfido sistema de las reticencias, que sin manchar empañan y sin herir desfloran, y pasando a afirmaciones concretas, directas, fundadas, ¡qué horror! en mí, en mí mismo.

Lo que supe por una indiscreción de Primo Cova, y me retraje enteramente del Círculo, consagrándome a nuestra dulce tertulia nocturna, cada vez más deliciosa para mí. Si me encontrase con Sobrado, temería no poder contenerme. Sí; no lo duden ustedes: me desataría, ya que soy la quintaesencia de la paz. Pero confiesen que hay acciones capaces de sacar de sus casillas al mismísimo Job.

IX

Lo que me aguaba la fiesta de la tertulia era la resistencia de Argos a presentarse en ella. Verdad que no asistía casi a ninguno de los actos de la vida familiar. Nada: mi hija se había «dado a la mística». Ya dije cómo empezó a indicarse esta evolución de su apasionado espíritu, a vista del cadáver de su madre, cuando doña milagros la empujó, la lanzó al frío beso de la muerte. Solo que la crisis se graduaba, ahora tenía su devoción un carácter de vehemencia que rayaba en insano frenesí. Si puede la devoción calificarse de manía, maniática estaba Argos.

Levantábase tempranito, antes de que amaneciese, y en ayunas salía a no perder las primeras misas. Dijérase que cuanto más tempranas, a hora más intempestiva e incómoda, mejor le sabían, cual si el valor de esta práctica piadosa consistiese en realizarla antes que los barrenderos terminasen su modesta faena. Era el templo predilecto de mi hija una antigua iglesia conventual, hoy entregada a los Jesuitas, tan madrugadores en celebrar como solícitos en atender al culto. Despachadas las misas, confesiones y comuniones, siempre había alguna función que entretuviese a Argos hasta las diez; más tarde no, porque, en el fervor de su vida austera, mi hija repugnaba ver y ser vista de gente. La mañana la dedicaba a bordar pues estaba haciendo un manto muy repicado para un San José. Por la tarde, manifiesto: a velar al Santísimo. De noche se recogía a su cuarto, donde suponemos que leía o meditaba.

Lo seguro es que no podíamos reducirla a compartir nuestros inocentes y honestos solaces. Diríase que en ellos olfateaba insidias del demonio. También era arduo conseguir que acompañase a sus hermanas a los paseos, con ser estos tan retirados y solitarios; y rara vez podíamos lograr que, con velo tupidísimo y saco de estameña, se uniese a la familia para tomar un poco el aire y hacer el ejercicio que reclama la salud. Yo insistía en que saliese, porque Moragas, al observar a Argos, solía decirme:

—Esa señorita le está buscando tres pies al gato... Mucho cuidado, señor de Neira. Su hija de usted está provocando una congestión en el alma.

No era para notado sin inquietud en que la extremosa Argos, lejos de hallar en su nueva existencia mansedumbre y paz, humildad, sumisión y agrado, frutos naturales del amor divino, diríase que contraía una excitación malsana y alarmante. No podía yo echar la culpa a la devoción, porque Clara, otra hija mía, a quien siempre se le había notado afición a la iglesia, solía volver de ella como volvemos de los sitios adonde vamos por nuestro gusto, con cara satisfecha, plácida sonrisa, humor inmejorable, y una voluntad, por decirlo así, baqueteada, suavizada, amoldada a las contrariedades, que tomaba luego con más paciencia y resignación. Argos, en cambio, traía de sus madrugonas, o una acometividad impaciente, un prurito de censurar cuanto hacíamos y decíamos, por encontrarlo profanísimo y pecaminoso, o una tétrica reserva que la aislaba de nuestro afecto. Si la señal del provecho que hacen al alma las devociones es el estado moral de esa alma misma, Argos con sus rezos empeoraba.

Hubo semana en que casi no la vimos, de tal modo la embelesaba una novena muy solemne, en la cual debía cantar, en unión de otras varias señoritas de Marineda que ensayaban los Gozos. No recuerdo si dije que Argos poseía voz de contralto: siempre la tuvimos por hermosa y extensa, pero a las pocas lecciones del organista y de una profesora que por devoción dirigía el coro, resultó admirable. Soy poco inteligente; pero la voz de mi hija, apenas educada, me pareció, en efecto, un prodigio; al entonar los primeros compases del Ave María de Gounod, vibraban en su acento toda la pasión y toda la arrebatada sensibilidad de mi carácter: era una voz profunda, timbrada, sonora, pastosa, que llegaba al corazón. Hablose mucho de esta voz en Marineda, y la iglesia se llenó de curiosos. Recuerdo que un día me dijo Feíta misteriosamente:

—Papá... ¿Sabe lo que hice hoy? Estuve haciendo rabiar a Argos divina más de una hora. ¡Se puso conmigo hecha un escorpión! ¡Si viese! La dije que desde que anda vestida de mamarracho, con un hábito tan feo, y confesándose hasta de que respira, ha echado un genio peor que el de antes. Y que no hace nada en todo el santo día, más que gorgoritos y leer libros que no entiende. Y que a mí me parece que las mujeres... vaya... y también los hombres... deben rezar una horita... bueno, aunque recen horita y media... y el resto de tiempo trabajar o divertirse; porque ni somos frailes ni monjas. ¿No crees tú que tengo razón? ¿Es bueno eso de rezar como un molino, tacarataca, tacarataca?

—Claro que no... las cosas necesitan un término medio.

—Pues es lo que yo quería decir; que no hay cosa que no tenga su término medio. Y cuando se exagera... pataplum.

—¿Qué significa eso de pataplum? —preguntaba yo, embobado con la labia de la chiquilla.

—Quiere decir que... vamos... ¡la mar! Porque hasta para Dios debe ser muy cargantito que continuamente le esté mareando Argos. A ella todo se le vuelve: —«voy a ver a Dios»; «abur, que me espera el Santísimo Sacramento». ¡Vaya! machacona. Y ¡caramba! con la compañía del Santísimo, parece que una chica se ha de volver más amable y más servicial y más cariñosa, ¿no?

—Claro, enemiguillo.

—Pues mi hermana, cuanto más va a la iglesia, más se avinagra y más se chifla. Hoy creí que me arañaba, porque la dije: «Arguitos, tómale a Froilán la lección de latín, que yo no puedo ahora; anda, mujer, que yo rezaré por ti el Rosario». ¡Ay! ¡El fin del mundo! Saltó chillando que no se llamaba Argos, sino María Ramona; que eso de Argos era un mote y una profanación, y que ya me enseñaría a llamarle Argos. Luego me dijo que la lección de latín que la tomase el diablo; y como yo respondí que nombrar al diablo era pecado, agarró los zorros de sacudir las sillas y se vino detrás de mí corriendo. Si no ando lista, me zorrega. A bien que ya pagaría yo la tunda en moneda de oro.

—¡Bah! —contesté en tono conciliador—. Son bromas entre hermanos. Y al fin, ¿quién le tomó la lección al chico?

—¿Quién había de ser? Doña Fea... mangue, como de costumbre. Y también como de costumbre no sabía palotada el señorito. Me veo y me deseo para meterle en la cabeza los pretéritos. Pero mira, papá. Esta Argos, el día menos pensado te dará el disgusto del siglo. Pudiera suceder que volviese loca. ¿Tú crees que eso de rezar y cantar por turno no será una enfermedad lo mismo que otra cualquiera?

—No, hija mía. Es fervor que le ha entrado. Debemos respetar eso, porque no se trata de ninguna mala acción.

—¿Fervor, papá? Pues a mí se me figura que en lo del canto tiene su vanidad correspondiente Arguitos. Sabe que van a San Agustín muchos tontos, y cuando hay tontos es cuando florea y se despepita. No es oro todo lo que reluce, papaíño...

Sorprendente era la paciencia con que doña Milagros, tan asidua en escoltar a mis hijas por paseos y tiendas, se prestaba también a la devoción de Argos, acompañándola a la iglesia siempre que era preciso y aun asociándose con ella para rezuquear. El Rosario lo despabilaban juntas: y era interminable, la corona entera con sus misterios dolorosos o gloriosos, seguido de una retahíla de padre nuestros, credos, salves, actos de fe, trisagios y letanías. Reuníanse asimismo para las novenas caseras, poniendo en común su tesoro de devociones especiales. Y si se ha de creer a Feíta, las de doña Milagros eran de un género sumamente original.

—¡Papá... si viese qué santos tiene doña Milagros en su alcoba! Una Dolorosa que parece un acerico... Dos San Sebastianes que parecen dos pollos desplumados... Una Virgen del Carmen con miriñaque... Cuando rezan ella y Argos, se duerme y contesta medio dormida... ¿Sabe usted cómo rezaban ayer? Doña Milagros echó un puñado enorme de garbanzos sobre la mesa del comedor, y empezó a decir a voces: «¡Satanás! ¡En mí no entrarás! Porque diré mil veses: Jesú, Jesú, Jesú...».

Y a cada Jesú: ¡pin! un garbanzo al cesto que tenía debajo de la mesa...

—Chiquilla, no inventes patrañas.

—Papá, es verdad; es verdad, papá —afirmaba Feíta con especie de angustia de los niños, que se consternan cuando no se les cree.

Otro día me trajo unos papeles encontrados en el cuarto de su hermana. Titulábanse, el uno Ferrocarril celeste; el otro, Receta para confitar almas. Eran de esas hojitas donde por medio de un simbolismo del orden más pedestre, se quiere hacer accesibles a la inteligencia y al corazón verdades altas y sublimes de nuestra religión sacrosanta. Debo anticiparme a advertir que mi hija leía cosas mejores, libros piadosos que, sin saber de dónde procedían, vi varias veces sobre su mesa; entre ellos reconocí la Imitación, las sagradas páginas que santificaron a mi madre... y que sin duda Argos no entendía o no aplicaba tan bien.

Aquellos días en que ensayó Argos el Ave María de Gounod, empezó a divulgarse por Marineda la noticia de que deseaba entrar en un convento. La primera vez que me lo preguntaron personas extrañas, sentí un golpe en el alma. ¿Pensaría en efecto mi hija sepultarse entre cuatro muros? ¡Monja mi Argos! ¡Monja! Enterrada en vida, separada de mí por vallas de hierro, sin esperanza de ninguna ventura terrenal, virgen, estéril, sola, ¡muerta!

En Marineda se comentaban estos supuestos planes de monjío, que llamaban la atención, como la llamaba ya todo lo referente a Argos, su hábito, sus madrugonas, su voz, su canto, y, ¿por qué no decirlo? su pálida cara de imagen alumbrada por los dos ardientes cirios de sus ojazos negros. En las ciudades poco populosas la vida no puede ser original; hay para ella un patrón común, y quien pretenda apartarse de ese patrón, o ha de llevar una existencia tan oscura que nadie le vea, o ha de resignarse a que le roan los zancajos y le zarandeen como a escobajo de uva pisada. Esto le sucedió a mi hija la devota. Dio la gente en fijarse más en ella, con su saco de anascote y su velo de merino, que en sus hermanas, las cuales, emperejilándose lo que consentía el luto, no hacían más de lo acostumbrado en muchachas de su clase y edad. Argos —envuelta en el sayal, con la mata del oscurísimo cabello apenas sujeta, pronta a desatarse y caer trágicamente por sus espaldas— en vez de sustraerse a la curiosidad del mundo y encontrar aquel espiritual retiro que tanto agrada al alma contemplativa, lo que conseguía era ser blanco de todas las miradas y tema de todas las conversaciones.

¡Monja! Buen católico soy, a Dios gracias, y venero el claustro; pero nunca se me había ocurrido separarme de una hija para no verla más, tropezar con unas rejas que se interponen, negras y frías, entre su querido cuerpo y mis brazos; perderla, en suma. Solo de pensarlo se me encogía el corazón. Si calculaba desprenderme de una hija, era para dar su mano a un hombre que la amase, y me hiciese abuelo de unos serafines que pudiese tener sobre mis rodillas; y mil veces fantaseaba yo cómo sería la casita de mis hijas casadas, qué muebles tendrían, y qué butaca grande me reservarían a mí, al abuelito helado por la vejez, en un rincón muy confortable, cerca de la ventana por donde entrase a torrentes el Sol.

En la Sociedad de Amigos, en la calle Mayor, en las Filas, no me dejaban vivir, «¿Es cierto que la más bonita de sus niñas se mete a monja? ¿Es verdad que ya tiene elegido el convento?». Mauro Pareja, sobre todo, revelaba en su asombro su carácter, porque nada le admira como las resoluciones extremas. Un ingenuo pasmo se pintaba en sus facciones. Parecía exclamar: «¡Quiere ser monja! ¡Es posible que haya quien intente cosas tan románticas!».

Por entonces Argos incurrió en nuevas extravagancias.

Estábamos en Carnaval. En Marineda hay años de gran animación carnavalesca, mientras otros transcurren lánguidos: esto pende de circunstancias imprevistas, del estado de los bolsillos, de la duración de la temporada teatral, del humor de los Presidentes de las sociedades. El año de la muerte de mi pobre Ilda, tocaron Carnestolendas bulliciosas; sobre todo hubo muchas máscaras por la calle, a lo cual ayudó el caer la «temporada de locura» a fines de marzo, y estar el tiempo sereno, despejado y magnífico. La primer comparsa la organizó la Nautilia, sociedad nueva y emprendedora, empeñada en eclipsar a otra más antigua y acreditada, el Casino de Industriales. La comparsa de la Nautilia, que salió el Jueves de Comadres por la tarde, representaba la entrada de Dios Momo, cuyo bando o proclama iban repartiendo profusamente unos demonios vestidos de colorado; anunciaba Momo que traía en sus baúles alegría y felicidad para los pollos, noviazgos para las niñas, melancólicas reminiscencias para las viejas, y que se marcharía dejando en pos chascos y desengaños a montones. Los que iban a esperarle cantaban versos alusivos, y regresaban luego escoltando la dorada carroza donde se repantigaba el dios, lucio, risueño, enviando a diestro y siniestro saludos con la mano enguatada de blanco, que metía a veces en un saquito de raso rosa para arrojar confites a las señoritas que descollaban entre el gentío. Como la tarde era primaveral, la temperatura deliciosa y el espectáculo alegre, entretenido y gratis, despobláronse las casas de Marineda: todo el mundo se dirigió hacia los arrabales para admirar la lucida comparsa.

Mis hijas resolvieron no salir aquella tarde, porque precisamente el barullo carnavalesco invadía los lugares por donde ellas solían pasear; y la incomparable doña Milagros también decidió quedarse haciéndoles compañía. Se convino en entretener la tarde con arreglos de trajes de las pequeñas y con sacar, de una manteleta vieja de la señora, un abrigo de luto para la muñeca Nené, que, en opinión de Purita, lo necesitaba muchísimo. Reuniose en nuestra sala la tertulia, mientras yo, desde la galería abierta, recreaba la vista con el airoso balanceo de las embarcaciones y el azul espléndido del mar en calma, que parecía una placa de empavonado acero. Reinaba tal soledad aquel día en la población, que se oía claramente sobre las losas del muelle el ruido de los zuecos de algún marinero que pasaba, o la risa de un niño, resonando límpida y argentina en la pureza de la atmósfera; por momentos llegaba una bocanada de música, la de la comparsa, que iba acercándose a la ciudad.

Al principiar la sesión, Argos tomó dedal y aguja como las demás; pero parecía azorada. Dos o tres veces la vi acercarse a la vidriera, y mirar hacia el sitio donde la comparsa debía de encontrarse entonces, como si los efluvios primaverales que llenaban el aire y los ecos lejanos de la algazara la excitasen e irritasen profundamente. Esta vaga desazón duró hasta que la música de la comparsa, aproximándose, se dejó oír interrumpida aún, pero más clara y distinta. Entonces, Argos, saliendo precipitadamente de la sala, regresó al cabo de dos minutos con el manto puesto. Como no tenía que hacer ningún preparativo de tocador, sus salidas eran así, súbitas, instantáneas; algo de fuga, la correría del que se siente perseguido.

—¿A dónde vas, chica? —preguntaron las costureras.

—Irá a la iglesia, de seguro —respondió por ella doña Milagros.

—No... ¡lo que es ahora no voy a la iglesia!... —contestó sombría y enfáticamente la devota.

—¿Pues a dónde, hija, a dónde? —interrogó sorprendida la andaluza.

—A ver a mamá —declaró Argos, tomando el rumbo de la puerta. Pero ya doña Milagros y Clara se habían levantado interponiéndose, impidiéndole salir.

—¿Estás loca? ¿Ar Campo Santo soliya? Esa gracia no te la permito yo y papá tampoco. Escuche, señó Neira: sola se quiere ir por ese camino del sementerio, que es un presipisio, y donde hase poco le diron a una mujer de puñalás ¡Dios nos asista! Tú tiene el bicho en la cabesa.

—Dice bien doña Milagros. De ningún modo consiento que vayas, y mucho menos sola. Dentro de hora y media es noche cerrada; te expones y además te... criticarían. Deja eso, hija... por Dios.

—Pues venga conmigo, papá, si quiere. Venga. Porque yo, sola o acompañada, hoy he de visitar a mamá, que está en el nicho, mientras todo el mundo ríe y se divierte.

El ruego me cayó encima como un lienzo de muralla que me dejase aplastado. ¡Qué idea tan lúgubre, tan antipática, tan fea! ¿A qué, vamos a ver, a qué tenía yo de ir —cuando precisamente me encontraba tranquilo, dulcemente conmovido por la vista del mar y la hermosura de la tarde— a abrir heridas y cultivar dolores? Ilduara mía: tú, que a última hora calumniasete tu existencia; desde el cielo, que espero que en él estés, bien ves los móviles que entonces inspiraron mi conducta. Mientras viviste, traté de hacerte dichosa: cumplí siempre tus deseos; te guardé fidelidad, y hoy que todo lo sabes, sabrás que no falté a mi deber. Si de algo te sirviesen las visitas a tu nicho, las prodigaría; pero ¿qué alivio puede prestarte el que me abisme en la aflicción, y además coja un reuma con la humedad del cementerio?

Algo así objeté a Argos para que renunciase a su antojo sentimental. Me contestó unas boberías: «Su mamá estaba muy solita. ¡La gente de fiesta, y ella allí, abandonada, sin más compañía que los gusanos del sepulcro! Ella oía que su madre la llamaba; sí, oía su voz». Repliqué que para ser cristiano y rezarles a los difuntos, a lo sumo bastaba con ir a la iglesia. Pero la muchacha se obstinaba en su deseo: despreciando mis ruegos y mis órdenes, otra vez se lanzó hacia la puerta. Entonces cogí el sombrero y la seguí; y doña Milagros, no menos diligente, se echó el manto y se reunió con nosotros en el portal. Después supe que Mizucha y Purita, alborotadas, con el instinto de imitación propio de su edad, querían también ir al cementerio, como si fuese cosa muy recreativa; y porque Feíta quiso convencerlas, rompieron a llorar y tomaron un cabrito que no se les quitó en toda la tarde.

¡Qué tétrico es el camino del cementerio de Marineda! Lo limitan terrenos baldíos, pardos peñascales, y el mar inmenso que se estrella con zumbido lúgubre y perenne contra la brava costa. A cada revuelta se ve surgir la alta mole del Faro, cuya luz, ya se entorna, ya rebrilla fulgente. Y cuando se cruza la verja, vense tres patios llenos de nichos, donde brotan hierbecillas amarillentas y pálidas; tres patios como de cárcel, sin un sauce, sin un ciprés, sin esa vegetación que poetiza la muerte... La uniformidad desolada de las lápidas blancas y negras y el viento del mar que azota el rostro y seca las lágrimas...

No me atreví a penetrar en el recinto. Parecíame como si no hubiese muerto Ilduara, y me la fuese a encontrar erguida, airada, maldiciéndonos a la comandanta y a mí. ¡Peregrina aprensión! Hasta creía oír sus palabras iracundas y despreciativas: «Muy bonito... vienes a visitarme con la verdulera... Para escándalos, este... Quítate de mi vista, ¡panarrá, mal marido!». Entró

Argos, paresurada, derecha, sin volver atrás la vista, como las somnámbulas. Doña Milagros y yo nos quedamos a la puerta, mirando cómo declinaba el Sol y sus últimos resplandores tendían sobre el Océano unos rizos de oro y fuego, deshechos al punto. Sin decírnoslo, comprendíamos la señora y yo que era muy bonito aquello, que el espectáculo tenía algo de misteriosamente conmovedor. La andaluza había suprimido su cháchara; yo me deleitaba en callar. Un vientecillo fresco, precursor de la noche, vino a acariciarnos. Argos prolongó la visita como un cuarto de hora. Cuando volvimos, empezaba a asomar la Luna.

X

Pasaron Carnestolendas, y el mal de mi hija arreció, hasta el extremo, que vi llegada la hora de vencer la debilidad de mi carácter y adoptar alguna resolución, porque aquello más que a santidad transcendía a delirio. Antes de que confirmase mis recelos el médico, había yo comprendido que Argos ni era santa ni penitente, sino enferma.

Después de la visita al cementerio, sus rarezas redoblaron. Había días que se recluía en su cuartito (tenía uno para ella sola, de donde había expulsado a Rosa, bajo pretexto de que Rosa quería espejos, floreros y otras profanidades), y nuestros ruegos para que saliese a comer eran inútiles: dejaba correr horas y horas sin probar alimento, tal vez llorando; lo encendido de sus párpados la delataba. Aquella devoción sordomuda de los primeros días; aquel bullir de la segunda época, aquel piadoso zascandileo en unión de la marquesa de Veniales, Paciencita Borreguero, Regaladita Sanz y demás fundadoras y socias del Roperito; aquella afición al canto, aquel continuo ensayar trinos y fermatas, habían cedido el puesto a fúnebre preocupación, a un lirismo que puedo llamar mortuorio. Pasábase en el cementerio muchas tardes; y era lo peor que se escabullía sola, a pesar de mis mandatos. Nunca la vimos más desaliñada, más olvidada de que era mujer, y mujer joven y hermosa. El abandono de su traje solo podía compararse al de su peinado. Más de una semana trajo vendada la frente con trapos negros, afirmando que era por culpa de unas jaquecas horribles. La venda era angosta, y prestaba singular realce al rostro de la muchacha, en cuyos ojos ardía la fiebre. Todo esto debía asustarme. Consulté, en primer lugar a mi amiga.

—Sí, señó —exclamó la andaluza cuando la manifesté mi propósito de avisar al doctor—. Hase usté mu bien; pero no sé que el doctor le pueda sacar a la chica los mengues del cuerpo y el clavo del corasón donde afincao lo tiene. Los médicos piensan que too es resetar, que too es tomar el pulso y dar medicamentos contra el flato y para engordá la sangre, y yo le digo a usté que hay otras cosiyas en el arma, y que los médicos no hasen caso de eya, y son unos jumentos, hablando mal.

—Según eso, ¿usted cree que no la curará el doctor? Doña Milagros, querida doña Milagros, dígame su opinión, porque estoy que se me puede ahogar con un pelo. Usted, que ve a la chiquilla a todas horas; usted, que la acompaña mil veces (Dios se lo pague); usted, a quien, como mujeres que son las dos, ella entenderá de cosas íntimas que conmigo no ha de conferir nunca, sea franca conmigo. Siempre he tenido en usted mucha confianza; pero de algún tiempo a esta parte, la miro a usted como a un ángel bajado del cielo... Y no digo más, porque no quiero enternecerme.

La comandanta sonrió, apoyando su dedito moreno y afilado en sus labios descoloridos, tan lindos y tentadores. Era la actitud de la reflexión, en ella poco usual. Pasaba el diálogo en la sala de la señora, puesta con el aseo algo anticuado y la sencillez sin gusto de las casas meridionales. Las paredes estaban llenas de fotografías de familia: individuos mal engestados, displicentes, vestidos de domingo y apoyados en las estelas jónicas y en los muebles recargados de talla de la guardarropía fotográfica. Me había explicado la andaluza cien veces el parentesco el grado de consanguinidad y la afinidad que la unían a los originales; pero yo siempre los confundía, viendo, no obstante, en tal exhibición de parentela una prueba de la respetabilidad de la señora.

—¿Ve usté? —solía decirme—. Esta es mi primiya Paula, la que casó el año pasao con este sanguango, un capitán de lanseros... Esta se ha quedao viuda la pobre: Juaniya se yama. Estos son los chicos de la esta misma Juaniya. Mire el pequeñiyo, qué mono (ya sabemos que a doña Milagros le parecían una monada todos los chicos). Esta... tan farfantona... la del mantón y el pañuelo... es mi tía la ricacha, la Tomatera de Chipiona, que la disen así porque ganó su fortuna cargando tomates para mandá a toda España y a Inglaterra... Podría de dinero está... y yo no me avergonsé de ella cuando empesaba a negosiar, y así me adora y me hase mil regalos y dise que me dejará su hasienda. A mí el interé no me siega; pero ¿avergonsarme de una mujer honrá? ¡Sabe Dios cuántas condesas quisieran ser como eya! ¿Verdá, don Benisio?

Esta charla no se repitió hoy, porque la andaluza, como dejo dicho, reflexionaba; operación penosa y difícil para quien era pura espontaneidad, instinto y arremetida franca y súbita, semejante a la del toro que por primera vez ve flotar el rojo e incitante trapo. Al fin sus ojos entornados irradiaron luz de inspiración; y echando mano de toda su sabiduría, de todo cuanto en ella formaba el elemento intelectual, me embocó este que casi puede llamarse discurso:

—Don Benisio, ya sabe usté que puede pedirme la vía si la nesesita: yo no quiero gastar retóricas para desir que se le apresia... Por lo mismo voy a hablarle como quien pisa huevos, y como quien mete la mano en brasas y no la quiere tostar. Cosas delicás saldrán a cuento, y si usté se me ofende a las primeras de cambio, meteré la cabesa debajo el ala, y agur.

Hice un ademán expresivo animando a la señora a que se explicase, y ella, dando tormento al abanico, aunque ni hacía calor ni estábamos en verano, prosiguió sin perder la gravedad:

—¿Usté se acuerda, santo varón, cómo empesaron los trabajos que pasamos en este pícaro mando los hombre y las mujere?

—Doña Milagros, ¿eso que tiene que ver?...

—Calma, cristiano, que allá voy. Todas cuantas desdichas y berrinches aguantamos, le vinieron a Adán por Eva y a Eva por Adán, y a los Adanes por las hijas de Eva, y a las hijas de Eva por los Adanes condenaos. Siempre que vea usté una mujer o un hombre con fatigas de muerte, no se derrita los sesos cavilando: es por la otra cara de la Luna... ¿está usté? es por un Adán o una Eva, y digasté que yo lo digo. Cuanto zafarrancho se arma por ahí; cuanto inventan los hombres, con esos discursos endemoniaos de mecánicas y de construsiones y de embarcasiones; cuantas trifulcas arman de teatros y bailes y comersios y fábricas y diablos coronaos... todito es por la pingarrona de Eva, por eya nada más. Y cuanto nosotras no componemos y no asicalamos y no depepitamos y no ponemos tristes y no reímos a carcajá y murmuramo y chillamo, y arañamo y reñimo... y no tragamo a la gente... como le susedía a su difunta de usté, señó Neira... too es por el perdío de Adán, ni ma ni meno.

Oía yo sonriendo a la señora, por la sal de cielo con que echaba su relación; pero la idea no me parecía ciertamente ni muy nueva, ni muy aplicable al caso presente, o sea al místico desvarío de mi hija Argos. Sin duda doña Milagros leyó en mis ojos, pues se apresuró a añadir:

—Yo siento no tené más labia, más esplicaeras, y sobre too más siensia, para haserle a usté ver claro como el agua este intríngulis del mundo, que yo ayá a mi móo lo entiendo divinamente... Porque esté ahora dise pa entre sí: «¿Y qué tiene que ver con las arrancadas de mi niña, que todas son por el lao de la iglesia, la casta de los Adanes? Precisamente la chiquiya se corre que quiere entrar monja... y en el convento Adanes no hay». Pues velay, don Benicio: que a las mosita y lo propio a las mujere manías, no se crea usté, tanto las altera Adán de sobra como faltón... y basta, y usté ayúeme a hilar delgadillo esta madeja.

Quedeme suspenso, sin saber qué objetar a tan incongruentes afirmaciones.

—¿De suerte... —pregunté— que usted juzga que Argos... sus males... sus caprichos...?

—Los tontos creerán que son por Dio nuetro Señor. Por Adán y nada ma que por Adán; y si Moragas dise otra cosa, cómprele usté una gafa a Moragas.

—Pero —insistí— ¿qué Adán puede ser, doña Milagros, el que me tiene trastornada a la chiquilla? Sospecho que eso no lleva camino; porque si alguno pretendiese a Argos o Argos quisiese a alguien, Argos se compondría, Argos presumiría, Argos estaría como están las muchachas con novio.

—¡Ay qué material que es usté, don Benisio! Pué si no hubiese en el mundo más enreos que los que están a la vista de la gente y los noviasgos a son de trompeta... Mil veses se entra el corasón, y no lo sabe más que el corasón mismo: por fuera, nada: gayo tapao.

Me resonaron dentro estas palabras que con vivacidad acentuó la andaluza.

—Su niña de usté es una mosa que tiene en aquella cabesita un volcán. Too le entra por arrechucho, y se pinta eya a sí misma que siente la cosa más aún de lo que la siente. Por la mañana dise pa sí: «María Ramona, hoy tocan a yorar y a besar el suelo». Y se la caen los lagrimone como aveyanas, y capas es de lavá el piso con yanto. Pues como diga: «Hoy tocan a cantá...», más canta que un ruiseñor: vos como la suya, que tanto yegue al alma, en mi vida la he oído. Si la da la tema por está de rodiyas, de rodiyas aguanta horas y horas sobre la piedra, sin quejarse, aunque luego se caiga desvanesía de dolor. Si se la pone en el periquito vestir el saco de estameña, el saco suyo ha de ser el más gordo y más bronco y más feo; y dé usté grasia a Dio que no se la ocurra arrastrar tisú, porque lo arrastraría del más vistoso, aunque la costase darse al diablo.

—¡Doña Milagros! —pronuncié, saltando en la silla.

—Perdone... —murmuró la señora, confusa, con tan hechicera mansedumbre que me desarmó al punto—. No he querío ofender... Usté me pregunta... y yo... vamos, tengo la lengua larga... No se me atufe... Diga que me perdona. ¿Así? ¿Pases?

Y para sellarlas, tomó mi diestra y la oprimió contra la parte baja del pecho izquierdo, donde noté que el corazoncito sin hiel brincaba y golpeaba la tela tirante...

—Lo que he querío desir, don Benisio, es que su niña es una pila del telégrafo. Si tuviese novio, un Adansejo en regla, como Dios manda, valdría más que no andar visitando a los difuntos... La cosa es que...

Doña Milagros vacilaba.

—Que... vamos, en el caso de su hija de usté, el Adán no puede ser... no es posible que sea.. ¡Ay! se me traba la lengua, don Benisio... ¿no se va usté a enfadar?... Pues... ese Adán de Argos... si es que sale... nos saldrá... apestando a cera; ¡eso... cabal...!

Me puse en pie. En mi cráneo, de improviso, retumbaban voces, carcajadas y burlas infames. ¡Dios justo! Por primera vez se me ocurría la idea, la absurda idea... y ya no iba pareciéndome tan absurda, a los dos segundos de haberla concebido. Recuerdo que me eché a la cabeza las manos, para ahogar aquel estrépito diabólico. Doña Milagros comprendió con su agudeza femenil y murmuró:

—No hay que apurarse, señó de Neira... Esto que le digo yo a usté no creo que nadie lo sospeche. Ni la misma Argos entiende lo que la está pasando; eya se cree buenamente que anda así, afligía por sus pecaos y sus penitencias y sus étasis... y se figura que las cosa rara que la entran son ayá unas visitas de la gracia de Dios... y no hay, para qué desengañarla, que los achares se la han de quitar.

—Pero... —tartamudeé— ¿por quién, doña Milagros, por quién cree usted que siente mi hija... debilidad... afición... en fin, eso?

—¡Eh! No tan aprisa... No he dicho eso presisamente; solo que se me ha puesto aquí que alguna tontá por el estilo será la madre del cordero.

—Un nombre... ¿No se la ocurre a usted un nombre?

—Don Benisio... es delicaɪ́yo contestar. No nombro a nadie. Usté abra el ojo, fíjese, entérese, como es el deber de too padre, de lo que hace su hija y a quién ve... porque también es usté demasiado confiao y blandullón, y con usté hasen su santa voluntá las niñas las veinticuatro horas del día, vamo... Así como su señora, Cristo la haya perdonao, pecaba de dómina y de regañona, usté parese hecho de merengue: con usté las chiquillas tienen república. No le aconsejo que mire por Argos... y no ha de sacarme usté más, que estaría muy feo calumniar... o salir con algún sinfundo.

No conseguí otra cosa. A mis súplicas opuso la señora un significativo, «se ha dicho bastante». Para torcer la conversación, sin duda, preguntome de pronto:

—¿Se ha enterao usted del cambio de ministerio? ¿Ha visto al nuevo Gedeón? Es decir... este de Gedeón no tiene nada.

—Sí, se me figura que me abrió la puerta una cara desconocida... ¿Ha encontrado usted su ideal?

—¡Ay mare! pues si estoy que no quepo en mí de goso. Le digo, Neira, que ahora sí me encuentro en la gloria. No sé dónde ha podío desenterrar Tomás semejante alhaja; pero no he visto naa como eso. Un muchacho más limpio que el oro; da ganas de comer verle: y trabajaor, no se crea usté: que hasta los suelos friega y saca lustre a los hierros del balcón. Mañoso como él solito: mejor guisa que ninguna cocinera: pone el arroz que se chuparía usté hasta el codo. Me tiene el fogón, que dan ganas de colgarlo al cuello por dije. No lo va usté a creer: plancha, pega botones y limpia y sacúe mi ropa.

—¡Atiza! Como una doncella.

—Que sí... Y no se crea usté que eso que es ningún mariquiyas. Es disposición que Dios le ha dao. ¡Ay! Mis pies y mis manos es la criatura. Ya le he cobrao una ley...

—Vamos, un estuche.

Quieras o no quieras (no tenía yo el menor empeño en admirar las habilidades del nuevo asistente), hubo que dejarse llevar a la cocina por unos pasillos oscuros. Entramos en la oficina de la bucólica, y vimos de pie ante una mesa de pino blanco, a la nata, flor y espejo de los asistentes, y con las mangas de la camisa arremangadas y frotando a todo frotar la hoja de unos cuchillos. El exterior del sirviente era de lo más simpático; pero yo, con cierta repulsión (afirmo que la sentí desde luego), me volví a la señora y, pregunté en voz baja:

—¿Es paisano de usted?

—No, valensiano.

Entonces reparé que, en efecto, aquel hermoso tipo meridional solo podía haberse producido en las márgenes del Turia, que llaman floridas los poetas. Si no repugna hablar de la belleza de un hombre, hablemos de la de Vicente o Visanté, que a tal nombre respondía el soldado. Pálido, con la palidez sana, caliente y marmórea de las razas semi-africanas; de negros ojos, fogosos, largos y brilladores; de facciones correctas, espesa barba que azuleaba de puro sombría, dientes blanquísimos y prócer estatura, era Vicente lo que se llama un arrogante mozo. El brazo ligeramente velludo, que ostentaba su rica musculatura al fregar los cuchillos, tentaría a un escultor; y la mano, fuerte, morena, grande, pero flexible, de noble diseño, lejos de denunciar la baja extracción del fámulo, parecía decir que por sus venas corría ignorada sangre de árabes conquistadores. Al vernos, cuadrose el muchacho, como si viese al comandante en persona.

—Aquí vengo a lusir tus gracias, Visente —dijo la señora con garbosa familiaridad—. Mire usté, Neira, qué tinaja tan fregaíta. ¡Ay! En estas sartenes reluciente me gusta a mí freír los huevos, que salen abuñolaos. ¡Caye! Si hasta el perejil me lo tiene este chico que parese un ramiyete —añadió tomando un vaso donde en agua muy clara se encrespaban ramas de perejil—. Abre ese cajón, Visente, alhajiya. Too en orden, too aseado. ¡Qué almirés! ¡Qué perol! ¡Qué encanto de chocolatera!

El autor de tantas maravillas se mantenía derecho, inmóvil, callado, y al parecer melancólico, con esa melancolía noble que llevan sellada en el rostro las bellas razas de Levante, que saben ejecutar con dignidad los menesteres más bajos.

Al salir de los dominios de Vicente, la señora, volviéndose hacia mí con orgullo, preguntome:

—¿Qué me dise usté del muchacho? ¿Es o no es prenda?

Era en la antesala; me acuerdo bien que la figura de doña Milagros se destacaba sobre una cortina de reps verde oscuro, y que sonreía, dejando ver la dentadura de nácar, ornato de su boca de adolescente que empieza a sombrear el bozo. Yo me sentía lastimado, abatido, con inmenso abatimiento, como el que acaba de recibir funesta noticia, o de asistir a un espectáculo repulsivo, o de prestarse a algo que subleva su conciencia y su corazón; y de pronto, en medio de esta depresión moral, de esta angustia mal definida, cuya causa no me era posible inferir, ¡oh vergüenza para mis canas!, ¡oh vil y despreciable condición del hombre!, ¡oh barro de que somos fabricados, escoria, limo de la tierra, polvo, basura!, ¡oh rostro del pecado original!, una oleada de profana embriaguez me arrolló; un relámpago cruzó ante mis ojos, deslumbrándolos con el serpear de su luz siniestra, un golpe como de saeta que se clava repercutió en lo profundo de mi ser, y, despavorido, comprendí, sin que me quedase lugar a duda, qué genero de sentimientos me inspiraba doña Milagros.

Luché como un atleta para que no se me conociese. Sujeté mis ojos, contuve mi lengua, crucé los brazos sobre el pecho, clavándome en el antebrazo las uñas. Abochornado, solo quise ocultar mi flaqueza, a manera de asesino que esconde el cuerpo de su víctima. Miraba dentro de mí y me parecía ver negra sentina de maldades. ¡Cuán lejos estaba doña Milagros de sospechar el verdadero estado de mi alma en su compañía y presencia! Sentí impulsos de presentarla los carrillos diciéndola:

—Abofetéeme usted señora... Écheme como a un perro tiñoso... Lo merezco... y me servirá de consuelo el que usted lo haga.

Y en alta voz, en lugar de implorar castigo, lo que dije fue:

—Doña Milagros... me voy ya, sin que usted aclare aquel enigma.

—¿Cuál, cristianos? —y la andaluza se aproximaba.

—Entremos en la sala, entremos —murmuré turbado por la media luz del recibimiento, sofocado por el zumbido de mis arterias—. Aquí pueden oír...

—No, si es que me quiere sacar con terrasa el nombre del Adán... pierde usté el tiempo. Y adiós, amigo... Va a venir Tomás, y le va a volver loco con sus peinaos... Lárguese si no quiere aguantar el solo... ¡Tomás tiene la sangre más gorda! Por hoy, chito: se ha dicho que no. ¡Hasta luego!

Huí. Sentíame tan rebajado, tan indigno de ejercer de padre, que en vez de subir salí solo a la calle, recorrí el camino de la estación, me retiré tarde, no dormí, tuve calentura, y, al día siguiente, en vez de reprender a Argos por sus exaltadas devociones, madrugué como ella y la acompañé a la iglesia de San Agustín. Ansiaba confesarme, limpiarme mi conciencia y ofrecer a Dios, con mi firme propósito de la enmienda, mi arrepentimiento sincero y casi inmediato, pues lo mismo fue calmarse mi vergonzosa fiebre, que pesarme de ella y conocer cuán mal le estaba a mi edad y cuánto ofendía al cielo. Si no acostumbraba importunar a Dios por leves circunstancias de la vida, en la gran tribulación no se me ocurrió pedir consuelo y ayuda a nadie más que a Él.

Mi hija caminaba a mi izquierda, cubierto el rostro, arrastrando sobre las baldosas de las bien empedradas calles marinedinas su blando calzado de beata. Creí notar que lejos de alegrarla mi acto de religiosidad, iba de mal talante, reconcentrada y arisca.

—¿Habrá quien confiese a estas horas? —la pregunté antes de entrar en el templo.

—¡Ya lo creo que lo habrá! —fue su única respuesta.

Adelanté por la nave. Algunas formas confusas se rebullían a uno y otro lado de los bancos: el templo, sin estar oscuro como una cueva, no estaba tampoco claro: era la luz incierta del amanecer. Un jesuita alto, encorvado, de aire distinguido, salió de la sacristía dirigiéndose al confesionario. Mi hija se alzó el velo, corrió, precipitose, y balbuceó suplicante:

—¡Padre Incienso!... ¡Padre Incienso! Estoy aquí.

Él proseguía andando, deslizándose, sin mirar a la devota: pero como yo añadiese: «También deseo confesarme», volviose vivamente, se fijó en mí, y exclamó: «Con mucho gusto, señor de Neira, inmediatamente», se introdujo en la garita de madera. Me arrodillé ante la rejilla: Argos se desvió: y, después de las fórmulas y rezos que preceden a la confesión auricular, en un arranque efusivo, sincero, espontáneo, que debió de agradarte, ¡oh Dios que ves las almas!, derramé todas mis culpas en el oído en el pecho de tu ministro.

¿Quién, si tiene la fortuna de ser católico, no adivina lo que dije y lo que me respondieron y aconsejaron? ¿A qué profanar contándolo el inefable cuchicheo, el misterioso diálogo de nuestras conciencias, las palabras, ya severas, ya consoladoras, las viriles exhortaciones, las advertencias prudentísimas, las firmes e indulgentes frases del confesor, con todo lo demás que atañe a la sabia economía del admirable Sacramento de la Penitencia? Lo que importa es que me levanté sereno, aliviado, animoso, en una situación moral que solo no envidian los que la desconocen, y que allí y solo allí se consigue con tal plenitud y tan exquisito sabor de bienaventuranza.

—Le daré a usted ahora mismo la sagrada comunión—, advirtió el jesuita doblándose para salir del confesonario.

—¿Y yo, Padre Incienso? —susurró la voz de la mujer que aguardaba casi postrada, y en quien reconocimos a Argos.

—Usted no se confiesa hoy porque no tiene para qué: se ha confesado ya dos veces en lo que va de semana —respondió el Padre.

Me acerqué solo a la barandilla del presbiterio; dejé caer la frente sobre el paño blanco; una oración sin palabras se alzó de mi regenerado espíritu... y poco después, temblando de respeto ante el misterio augusto... sentí en los labios el Pan de los ángeles.

Ahora, Satanás, puedes venir... Me he revestido de coraza, he embrazado el escudo, y he jurado que, si te presentas, te llevarás un chasco como para ti solo. En mí no entrarás, que diría mi tormento, mi enemiga dulcísima, doña... No la nombremos: más vale.

XI

Apenas salí de la iglesia, donde Argos se quedó rezando, tuve un trasa-
cuerdo. Pesome no haber solicitado del director espiritual de Argos una
conferencia reservada, uno de esos coloquios que, sin tener la solemnidad
sacramental de la confesión, ni su virtud medicatriz para el espíritu, le sirven
no obstante de luz y de guía y hacen ver claro lo que no discerníamos antes.
Una serie de reflexiones o más bien de intuiciones rápidas, me dijo que solo
el confesor de mi hija podía darme consejo discreto, reservado y prudente.
Él, mejor que nadie, conocía el verdadero estado moral de María Ramona;
él, mejor que nadie, podía confirmar o desmentir las osadas conjeturas de...
tengo que nombrarla por fuerza, pero al nombrarla, Señor, purifico mi intención... de doña Milagros.

—Consultar con el médico males del alma, se me figuraba que era atender, en cierto modo, al pudor de la doncella. Únicamente con el sacerdote
pueden conferirse ciertas cosas.

Iba cavilando en eso, a tiempo que una voz fuerte y hombruna, pero
enmelada, digámoslo así, por el propósito de resonar con inflexiones afec-
tuosas, pronunció a mi espalda: «¡Qué paso de muchacho lleva usted, señor
de Neira!». Y al instante mismo emparejó conmigo el Padre Incienso.

A la luz del Sol pude reparar bien la fisonomía y catadura del Jesuita. Era
alto, recio, delgado, no mal dispuesto, aunque se doblaba por costumbre,
lo cual le hacía parecer cargado de hombros; su rostro expresaba firmeza e inteligencia, y unos rastros de orgullo, involuntario sin duda, pues se
esforzaba en sonreír con agrado y, apagar la chispa dominadora de sus ojos
castaños, amarillentos por la bilis. Tenía la barba espesa y mal rasurada; el
pelo oscuro y, copioso, apenas salpicado de algún hilito de plata; la tez mar-
chita y con ráfagas requemadas sobre un tono moreno claro genuinamente
español; aguileña la nariz, los dientes blancos y juntos, pero descuidados,
y, la boca exangüe, casi sin labios, contraída, indicio cierto de represión
de las pasiones. La edad fluctuaba entre los treinta y ocho y los cuarenta
y dos, aunque a primera vista parecía más avanzada. Se adivinaba que el
Jesuita no era hombre a quien se le hacía fácil vencerse, pero también que,
si llegase a caer, se despreciaría a sí mismo. La continencia, fuente a veces
de plácido sosiego, a él sin duda le embravecía, reconcentrando en su alma

el vigor varonil, volviéndole más enérgico y un tanto impaciente y duro. Esto se notaba en el confesonario y asimismo en el trato, no obstante todo el cuidado que ponía en mostrarse afable; en el púlpito, el Padre Incienso se transformaba, se volvía todo azúcar, y tenía una elocuencia dulzona, rizada y quintaesenciada hasta dar en empalagosa: puro arrope conceptista, digno de un Gracián, admiración del vulgo y encanto de las beatas. Personificaba el Padre un aspecto muy conocido del genio nacional: la austeridad religiosa que oculta sus maceradas carnes bajo un recargado paño barroco bordado de pájaros y de floripones.

—Parece que se quería usted escapar de mí —díjome con la misma violenta amabilidad de antes, al ver que yo me detenía respetuosamente.

—Al contrario —exclamé—. ¡Si es cosa como de Dios! Tenía precisamente que solicitar de usted un ratito de conversación a solas.

—Es mi mayor deseo —contestó con entonación que me pareció singular por lo expresiva—. Solo que, en la calle, imposible hablar de nada —y al decir esto miraba precavidamente a un lado y a otro, como si temiese ser oído—. Tampoco quiero ir a su casa de usted, ni que nos vean entrar juntos, mano a mano, en la residencia. Si usted me dispensase el favor de venir a verme... aguarde... ¿Mañana, a boca de noche... a la hora en que la gente de los balcones ya no atisba, y en la mayor parte de las casas se come o se cena...? ¿Comprende usted? Porque todo lo que sea evitar comentarios... Supongo que se hace usted cargo, y no necesito añadir más... Hasta mañana ¿no es cierto, señor de Neira?

El misterio y recato, las precauciones adoptadas para la entrevista, me probaron que si yo tenía cosas graves que preguntar al Padre, no eran de poca monta las que el Padre deseaba comunicar conmigo. Un confuso presentimiento, fundado en datos más o menos elocuentes, me gritaba que el Jesuita y yo nos buscábamos para tratar el mismo asunto. Yo sentía que la conferencia se llamaba Argos, y que la alarmante muchacha, la pobrecita loca, la chiflada, la calamidad de mi familia, era quien nos reuniría en plática grave y triste al padre de su alma y al de su cuerpo.

Obedeciendo en todo y por todo las órdenes del Jesuita, esperé la hora señalada, y embozándome en mi pañosa, como el que acude a cita secreta, y dando primero mil reviravueltas por callejuelas a fin de desorientar a los que averiguan cuanto no les importa, llegué a la residencia de los Jesuitas, viejo caserón situado en solitaria plaza del Barrio de Arriba. No necesité llamar: la puerta de la calle, cerrada al parecer en realidad solo arrimada. Se abrió sin ruido alguno, y un donado, lego o lo que fuese –un corcovadito gangoso, que andaba sin hacer ruido– me dijo en apagada voz:

–Tómese usted la molestia de entrar.

Cuando estuve dentro, el corcovado cerró de veras, con llave, me alumbró para que no tropezase en la escalera vetusta. Atravesé varias piezas frías y aseadas, amuebladas sin pobreza ni lujo, decorosamente, hasta llega a una sala chica, que sobre sus desnudas paredes blancas no mostraba más adorno que una detestable copia de la famosa Concepción de Murillo. Un hombre que leía sentado ante una mesa con tapete de hule, se levantó al sentirme entrar, y murmurando «Bienvenido, felices noches» me condujo a un sillón de gutapercha, acomodándose él enfrente, en otro igual, de tal modo que su cara quedaba en sombra, mientras la claridad que derramaba el quinqué de petróleo puesto sobre la mesa me iluminaba por completo a mí.

Callamos un instante los dos. El Padre tosiqueaba, afectaba sonarse; pero, al fin, su natural resuelto triunfó del embarazo que no podía disimular, y después del ¡ejem! que precede siempre a las primeras interrogaciones en el tribunal de la penitencia, dijo, eligiendo con evidente cuidado las palabras:

–Al llamarle a usted a esta hora y de este modo, adivinará que tengo que manifestarle algo muy importante a su tranquilidad y su honra de usted... y a la mía no menos. Si me hubiese sido posible resolver el conflicto con mis propias fuerzas, no acudiría a usted; desgraciadamente hemos llegado a tal punto, que, consultado mi superior, me ordena que me ponga de acuerdo con usted, para que entre los dos remediemos el mal.

El tono de persuasión y autoridad del Jesuita me impuso tal respeto, que al pronto no acerté a contestar palabra: solo el temblorcillo de mis labios y la ansiosa expresión de mi cara respondieron por mí.

–¿Ya habrá usted comprendido que aludo al estado de... su hija, la señorita María Ramona?

–Sí, señor... digo, Padre... ¡Me lo supuse!

–Soy su confesor –advirtió el Jesuita poniendo sordina a la aspereza de la voz–; pero nada de lo que va usted a oír lo sé por el confesonario, porque entonces no me sería lícito tratar de ello con persona de este mundo. Sin aludir, pues, a relaciones que no tienen más testigo que Dios; por indicios externos, por observaciones que usted habría podido realizar si quisiese, y que puede comprobar cuando guste, he llegado a adquirir el convencimiento, señor de Neira, de que su hija padece una manía... fatal, perniciosa; y en mi opinión, usted, interponiendo su autoridad de padre, debe prohibirla que frecuente tanto la iglesia, y no permitirla sino aquellos actos de piedad que no omite ningún buen cristiano. En el cuidado de su casa; en las labores de su sexo; en honestas distracciones, propias de su clase y estado, empleará el tiempo bastante mejor que en extremos de devoción... que su director... autorizó al principio... pero que... bien mirado... ya no puede menos que reprobar severamente.

Guardé silencio, esperando más razones, y el Padre continuó, poniendo el mismo tiento exquisito en la elección de palabras:

—Si el cambio de vida y la distracción no bastasen para... para... sosegar... el espíritu de esa señorita... en mi entender sería muy conveniente entregarla a un facultativo experto y sabio... como... como el doctor Moragas, que creo es el que asiste a ustedes, y de cuya ciencia tengo formado excelente concepto. No soy tan enteramente profano en medicina (aquí el Padre sonrió intentado expresar modestia) que no me haga cargo de que el alma tiene con el cuerpo una relación estrechísima y que a veces, para granjear la salud del alma, es preciso evitar que sea juguete del cuerpo alborotado o débil. Si su hija de usted no... no se reporta, póngala usted en cura, señor don Benicio... Y si no es indiscreción, a este ruego añadiré otro: no piense usted más que en las cosas de su casa, y en ellas... piense con ahínco, a toda hora, sin cesar. Tiene usted a su cargo la honra y la felicidad de muchos seres —no digo que su salvación eterna, pues ni el mismo Dios, que pudo hacernos sin nosotros, puede sin nosotros salvarnos, y la salvación de cada uno se la ha de procurar uno mismo—; pero... por lo menos... a la de sus hijas, debe usted contribuir.

No sé por qué, esta alusión a mis propias flaquezas me desató la lengua y me prestó confianza para responder:

—Padre, lo que usted va diciendo es el Evangelio... Le sobra a usted razón...; y con todo, es preciso que comprenda la situación en que me hallo.

Ese estado de mi hija María Ramona..., vengo notándolo desde el fallecimiento de su madre, y desde que lo noté lo creí funesto y quise remediarlo. La hice mis reflexiones; intenté evitar que se excediese en las prácticas religiosas y en las penitencias... pero... lo malo es que... por la costumbre que había contraído mi esposa de ejercer plena autoridad en el hogar doméstico... y mi asentimiento a dejarla exclusivamente en sus manos... es lo cierto que las niñas se habituaron a obedecerla a ella... y... faltando ella... a mí... a mí... no me tienen respeto... es decir... no me tienen miedo ninguno... o... francamente, soy la última carta de la baraja en esto de regir a la familia. Sí señor: un cero a la izquierda. Hábitos así no se corrigen en días ni en meses. Las muchachas apenas cuentan conmigo; no es que no me quieran, no es que deseen faltarme; es que nunca vieron en mí al que gobierna... y acaso yo también tenga... inexperiencia... y poca firmeza en el mandar.

Esto lo dije lleno de confusión; y si no fuese por la hábil colocación de la luz, hubiese leído en la mirada del Padre —de aquel hombre tan confiado en hablar y tan rudamente viril por dentro— un menosprecio que apenas atenuaba la piedad. De todas las miserias en que puede caer el varón, sin duda al Padre le parecía la más vergonzosa el dejarse usurpar la autoridad por una hembra. ¡Con qué magnífico desdén se regocijaba entonces el Jesuita de haber renunciado a la unión conyugal, que así curte y reblandece las almas!

—¿De manera —articuló precipitadamente— que usted no se encuentra capaz, dentro de su casa de hacer entrar en orden y en razón a su hija, o al menos de impedirla que se ponga en ridículo... y que nos ponga en berlina a los demás?

Ya no escogía términos el Padre. La desazón, el enojo y la pesadumbre le salían a borbotones por la boca.

—¿En berlina? —pregunté dolorido a mi vez...

—En berlina. Ya que ha llegado la ocasión de decir la verdad... me molesta, me contraría, me abochorna lo que está pasando... y, envenenado por la malicia, es imposible inferir qué proporciones tomará. He empleado cuantos medios están a mi alcance para que su hija de usted suprimiese ciertas demostraciones... inconvenientes, indiscretísimas. He puesto tasa a las confesiones y comuniones; he evitado toda aproximación, excepto las que me imponía mi santo ministerio; me he servido de mi autoridad espiritual para prohibir cuanto pudiese dar pábulo a la maledicencia; he vedado el canto, porque desde que Argos cantaba, se fijaba mucho más en ella la atención; en fin, nada descuidé... y como no ha surtido efecto; como está cada día más revuelto aquel meollo; como he notado cosas que... que prueban la debilidad de su cerebro... como me la encuentro a... la pobrecilla... hasta creo que dentro de la faja... como se echa a llorar cuando me ve... como si no me ve me escribe y casi es peor... como ha dado en la tontería de regalarme pañuelos... y libros... y medallas de plata... que yo devuelvo, ya usted se lo figurará... ¡creo que ha llegado el instante de que usted venga en mi ayuda... y a la vez se ayude a sí propio. Porque si a mí me contraría ¡bien lo sabe Dios! esta peripecia, a usted... ¡a usted debe de sacarle de quicio!

Calló el Padre, y como si se encontrase fatigado reclinó el codo sobre la orilla del sofá, y la cabeza en el dorso de la mano cerrada.

¿Por qué mi pensamiento se convirtió entonces hacia ti, o mi adivinadora, mi maga, mi bruja, doña Milagros? Allí estaba la viva prueba de tu teoría, la clave de tu síntesis del mundo: aquel hombre que en actitud apesadumbrada tenía delante de mí: aquel hombre esclavo de una idea, vestido de negro, severo, inflexible, feo, casi viejo ya, era el Adán, el estrafalario Adán por quien una Eva romántica, incitada del demonio, desdeñaba el mundo, sus pompas y vanidades, y creía abrir las alas remontándose al cielo, cuando en realidad se precipitaba al abismo. La devoción de mi hija, sus rezos, sus delirios, sus penitencias, su olvido completo de la coquetería femenil, no eran, no, llamamientos de lo divino... Eran aquel hombre y nada más que aquel hombre... ¡Adán y Eva, el drama eterno del Paraíso!

Sin embargo, en cierto respecto, el caso presente desmentía más bien que confirmaba las suposiciones de doña Milagros. Este Adán no era Adán, en el sentido terrenal y profano de la frase: al contrario, representaba la victoria del ángel sobre el instinto del hombre. La reprobación de ciertas flaquezas; la altanera repulsión hacia ciertos pecados; el horror al cenagal de la concupiscencia, se pintaban tan claramente en las acentuadas facciones, en el ceño adusto y en los delgados labios desdeñosos del Jesuita, que me sugirieron una envidia extraña: envidié a las almas soberbias que ven el pecado en forma de humillación, y que, por poseer la naturaleza grandiosa del águila, llegan a adquirir la condición inmaculada del armiño. La protesta del ser espiritual y racional contra la materia impura hermoseaba tanto al padre, que se transfiguraban las líneas de su rostro, dándole cierta semejanza con un arcángel moreno... un arcángel muy casto... y semirrebelde. Ocurrióseme que la castidad, bella en la mujer, adquiere en el hombre, en quien tiene tanto de inesperada, un tinte majestuoso y sobrehumano.

El Jesuita se levantó de pronto, lo mismo que si le impacientase la prolongación de nuestra plática, y comprendiese que ningún fruto sacaría de ella.

—En resumidas cuentas... ¿intentará usted... probará? Mire usted que la situación actual es insostenible —pronunció con tedio—. Por ahora, el cuentecillo no pasa de las sacristías; hay alguien que ha visto... que ha olfateado... pero aún no se divulgó por allí la especiota. Se divulgará bien pronto; ya sabemos lo que pasa. Es la teoría de la mancha de aceite.

—¡Que vergüenza! —exclamé.

—Sí por cierto... y añada usted, ¡qué responsabilidad! —agregó de un modo incisivo, paseándose agitado por la reducida salita—. Pues antes de que estalle la bomba... a recogerla. No ignora usted que aquí, lo mismo que en todas partes, existen unos papeluchos indecentes, órganos de las desmedradas logias locales, o solo de la desvergüenza y la grosería de quien los escribe. Los tales papeluchos señalan con piedra blanca el día en que averiguan yerros como el de su hija de usted. Una señorita de buena familia, joven, hermosa, y un Jesuita... ¡qué presa para esos sabuesos viles! Ya oigo sus ladridos irónicos; ya leo el suelto indigno, ya veo la asquerosa caricatura obscena... Ya me parece que las mejillas se me abrasan de rubor y que las manos me tiemblan, porque no pueden abofetear, como lo merecería, al miserable... —Y al expresarse así, el Jesuita se me venía encima, con las manos abiertas y en actitud de agarrar algo para deshacerlo—. ¡Tantos años pasados en rogar a Dios que aparte de mí hasta la sombra de una calumnia; tantos años de combate, tanta perseverancia en el ejemplo... expuestos a perderse por la insania de una... de una... de una pobre joven! ¡De cuantos deberes tengo que cumplir por obediencia, el único que me cuesta esfuerzo es este de confesar a mujeres! Lo cumplo, lo cumplo... ¡Pero si usted supiese lo que se sufre! No parece sino que el aliento de la mujer envenena el aire... En fin, don Benicio, ¿me promete usted sacar fuerzas de flaqueza? Se lo ruego por amor de Cristo sacramentado.

—Padre —murmuré—, yo he de hacer cuanto sea posible; pero quien sabe si exagera usted algo nuestra desdicha. No me toca defender a mi hija en este caso; cuando usted dice que... que le molesta... que le acosa... cierto será...; pero tal vez sus intenciones no cederán en pureza a las de usted; acaso solo por imprudencia, por exceso de celo, por fervor mal entendido, ha pecado María Ramona.

El Jesuita se había vuelto a sentar, quedando en la sombra su rostro. Un ligero estremecimiento de su cuerpo respondió a mi frase, y, después, como violentándose, articuló:

—Poco importa la intención al mundo, que ve las cosas por fuera. Yo le apercibo a usted, en concepto de padre, porque, si no lleva a mal mis palabras sinceras, le diré que usted responde de esto que pasa... En mi ya largo ejercicio de confesor, he tenido a veces la desgracia de... de tropezar con mujeres... cuya cabeza regía mal; pero eran solteronas ya entradas en años, versos sueltos, por decirlo así, y no tenían las infelices quien las contuviese. ¡Una señorita tan joven y de las... condiciones... de su hija de usted... jamás se me atravesó en el camino...! Solo una huérfana podría... No me haga usted creer que sus hijas están huérfanas... o que deberían estarlo.

Sentí que la sangre se me arrebataba a las mejillas y tartamudeé:

—¿Usted sabe que mi hija quiere entrar en un convento?

—Su hija de usted... —contestó reposadamente el Padre...—. Sí, su hija de usted; pero no su hija María Ramona, que es de la que hablamos.

—¿Eh? ¿Qué... qué dice usted?... María Ramona... Argos divina...

—¡No señor! Pero ¿dónde vive usted? Veo que nuestra conversación era más necesaria de lo que yo mismo creía. ¡Válgame la Virgen santa! ¿Es posible que hasta ese extremo dispongan de sí mismos los que de usted dependen, sin consultarle, sin enterarle siquiera? Don Benicio... ¡la autoridad del padre es sagrada, procede de Dios! ¡El que no la sostiene y no la ejercita, renuncia a sus más santos derechos! ¡El que forma lazos y engendra familia contrae deberes; usted ha permitido que todo se subvierta, que todo se corrompa en su casa de usted! ¡Lamento no haberlo conocido a usted antes, para repetirle sin cesar que quien manda, manda, y que mujeres entregadas a su albedrío no pueden dar al varón prudente sino amarguras!

—¡No sé lo que me pasa! —exclamé ya aturullado—. ¡Pero por Dios, acláreme usted el enigma! ¿Qué sucede? ¿Cuál de mis hijas, si no es Argos, aspira a la vida monástica?

—Virgos, como usted la llama... esa... esa será monja cuando yo sea obispo— y una pálida sonrisa jugó en los marchitos labios del Padre—. La que ingresará muy pronto en las Benedictinas de San Payo de Compostela, es... ¡increíble parece que usted lo ignore! Clarita, la segunda.

—¡Clara!

—La misma.

—¡Clara!

—¿De qué se asombra usted? Clara ve el mundo tal cual es... y no quiere vivir en él. Es también mi confesada: he combatido al principio su vocación, lo tengo por sistema invariable; pero un día tras otro la vocación ha resistido a mis ataques, y he llegado a aprobarla a alabar la resolución de la señorita. Su vocación no es de esas arrebatadas, ardientes; no la produce ningún amoroso desengaño, ningún antojo o desarreglo del alma; ¡es una determinación madurada despacio, fundada en razones sólidas y en consideraciones que revelan juicio y discernimiento!

—Clara vale mucho —exclamé entre afligido y lisonjeado.

—Vale, vale... Piensa como un hombre —dijo indulgentemente el Jesuita—. Sabe que no ha de heredar grandes bienes de fortuna, ve que pasa tiempo y no la han pretendido aquellos jóvenes a quienes podría aceptar y con quienes podría ser una buena esposa; no quiere ni imaginar bodas con un hombre desagradable, que la repugne; cree, y no se engaña, que si el matrimonio encierra felicidades, también trae consigo grandes penas, y, por último en la imaginación de su hija de usted ha labrado huella el espectáculo de la incesante fecundidad de su madre, al verla sufriendo siempre, siempre encinta, siempre con el comadrón a la puerta y, por último, el verla morir como murió... En fin —pronunció el Jesuita con voz mordiente—, la han asustado ustedes. Clara es de complexión tranquila, amiga del reposo, de la vida regular y metódica, de las horas fijas de la paz, de la calma, de la dignidad. En las Benedictinas estará como en su centro. La regla no es estrecha; el convento tiene una huerta preciosa.

121

Miraba yo al Padre, atónito y subyugado ante aquel hombre que me hablaba por primera vez, y conocía mejor que yo los propósitos, el corazón y el carácter de mis hijas.

—Debe usted —añadió— alegrarse mucho del monjío de Clara. En el convento será dichosa: los embates y las luchas del mundo no llegan allí. Usted no tendrá que pensar en dote...

—¡Eh!

—Nada: la dota su padrillo, el Penitenciario de Lugo...

Yo me cogía con las manos la cabeza.

—¡Estoy soñando! Clara... ¡mi Clarita! ¡Pero si nada me ha indicado; si hace la vida normal; si se arregla, se adorna, ríe, pasea con sus otras hermanas! Buena cristiana, sí; pero no se come los santos... ¿Está usted cierto, Padre? ¿Está usted cierto?

—Sí, señor... No se lo diría a usted a no estar certísimo. Ahora llega usted a su casa, y se lo pregunta a ella misma... En fin, para ser francos del todo, señor de Neira... Clarita me ha dado la comisión de enterarle a usted. No se atrevía... y contó conmigo para este encargo. Ya lo desempeñé... Ruego a usted que lo tome como se deben tomar cosas que ni nos perjudican ni nos avergüenzan. Pero que por Clara no se le olvide a usted María Ramona. Clara marcha bien. ¡A la otra, si tiene usted carácter!...

¡Carácter, carácter! ¡Que pronto se dice eso, Padre Incienso de mi vida! ¡Quisiera yo que hubiese sido casado treinta años con doña Ilduara Pimentel... y ya veríamos en qué paraban sus fueros y sus bravezas! El manso gato casero no es el tigre, y el Jesuita no es el marido... Por el camino, desde la residencia a mi casa, combiné unas entradas terribles, unas catilinarias de papá fiero... y al abrirse la puerta aparecer las chiquilladas, solo supe decir:

—Hijas, ¿está la cena? Vengo muerto de debilidad.

Y cuando Clara, un poco humedecidos los ojos, se me colgó del cuello, todo lo que pude exclamar fue: —¡Ay Clarita! ¿Que debía yo hacerte? ¿De cuando a acá a los padres los enteran los extraños?

XII

Me había ordenado en el confesonario el Padre Incienso que procurase no estar nunca, nunca a solas con mi peligrosa amiga; y deseoso de obedecer al pie de la letra, no hallé medio de enterarla de lo referente a Clara y Argos y consultarla para que su incomparable talento me guiase y alumbrase; porque yo no sabía qué hacer, ni cómo echarle a Argos dobles llaves y triples cerrojos a fin de que dejase vivir a la gente.

Pasado el alboroto de los primeros instantes, se me figuraba que hubiese podido acercarme a doña Milagros, oír su habla graciosa y disfrutar de su compañía, sin que se desmandase ningún instinto inferior, ni apareciese ninguna forma baja e indigna del acendrado afecto que me inspiraba aquella mujer seductora. Ni aun me explicaba cómo habían podido desencadenarse en mí los malos impulsos. Esperaba no reincidir; en lo sucesivo con agravios a la señora, al par que un cariño hondo, un delicado respeto, el que merecía por sus virtudes. Virtudes he dicho, y no me retracto: rabien los lenguateros de la Sociedad de Amigos: el caso de Sobrado estaba ahí: yo tenía pruebas. El figurarme a doña Milagros honesta, legal, incólume, fidelísima, me tranquilizaba; depurábase mi cariño, y se calmaba mi espíritu contristado.

Siguiendo otro consejo del Padre, avisé al médico para saber ante todo lo que procedía hacer con Argos, y cómo asistir a tan rara enferma. Y mientras ella estaba en el templo, y las mayores de paseo con la comandanta, y las chiquitas jugaban bajo los soportales, custodiadas por la niñera y por Visanté, Moragas acudió, dándose por enterado aun antes de que yo le expusiese el caso.

—Su hija de usted —me dijo— hace tiempo que me llama la atención. Es cosa notable: una imaginación servida por órganos... y también perturbada por algunos. Va usted me conoce: ya sabe mi manera de pensar... Pero no seré yo quien incurra en la vulgaridad de echar a la religión culpas que no tiene. Argos ha nacido con una fantasía exaltadísima, candente, rica, dominadora, y tendencia a dramatizar la vida. Es, por vocación, actriz y neurósica por temperamento. En esta clase de naturalezas, a veces se desliza la niñez y parte de la juventud sin revelar lo que late, porque faltó el móvil, la sacudida inicial. Móvil ha sido para Argos la muerte de su madre y las escenas que precedieron y siguieron a esa muerte. Cuando su difunta señora de usted cogió en brazos a la niña y amagó arrojarla por la ventana; cuando Argos echó a llorar conociendo que su madre se moría; cuando al verla se quedó cortada, sin llanto; cuando luego se abrazó al cadáver se arrodilló delante del Crucifijo, fue sufriendo otros tantos embates que la desequilibraron.

—Pero... —murmuré, sin comprender bien—. ¿Usted cree que está la niña... transtornada?...

—Enferma; diga usted enferma.

—¿Loca? —interrogué como si sollozarse.

—¿Qué adelantaríamos con poner rótulos? —exclamó don Pelayo—. Las fronteras de la locura están por deslindar; y casi inexplorado el terreno que limitan. Hay locos de un minuto, locos de una hora, de un día, de un año, de diez... Nadie se muere sin el cuarto de hora de locura. La razón nuestra no es una lámpara fija, inalterable, resguardada por un globo de vidrio sino una antorcha agitada por el viento...

Como no callase. Moragas volvió a tomar la ampolleta:

—No se figure usted que lo de Argos es cosa nunca vista. Al contrario: la exaltación nerviosa es un mal característico del sexo. Tampoco piense usted que me parezco a esos que creen que hay dos medicinas, una para la mujer y otra para el hombre. Si el padecimiento de su hija de usted se presenta más a menudo en la mujer o casi exclusivamente en ella, no es tanto por diferencias de organización, como por las de educación y vida social. El varón que nace dotado de esa ardiente fantasía, de esa sensibilidad que notamos en Argos, tiene mil modos de emplearlas: el estudio, el arte, el trabajo, la distracción, la multiplicidad de las relaciones exteriores... y... no se asuste usted... el amor real.

—¡Señor de Moragas! —exclamé—. No entiendo... Hábleme usted como a un ignorante que soy: dígame en qué consiste la enfermedad de mi hija y cómo se cura.

—A eso voy... ¿Se acuerda usted de un refrán que dice: carrera que no da el potro, en el cuerpo se le queda?

—Lo cual significa...

—Que como la mujer no puede dar carrera ninguna... a no ser que la dé para perderse... se le va almacenando dentro, en los sentidos, en el cerebro, en el corazón, toda esa fuerza... y, en ciertas organizaciones, se produce fatalmente la explosión... ¿Todavía no me ha entendido usted?

—De suerte que las muchachas vienen a ser así... como una bomba de dinamita bien cargada, y que al menor contacto, al menor sacudimiento...

—No las muchachas todas... pero sí algunas muchachas... bastantes muchachas... las que poseen en alto grado ciertas facultades no logran atrofiarlas con la vida pasiva a que las costumbres y las instituciones condenan a la mujer. ¡Pobrecillas! ¿Qué quiere usted que hagan, don Benicio?

—¿Qué? —exclamé—. ¡Lo que hicieron siempre... lo que hizo mi santa madre! Mucho coser... mucho rezar... en casita... y querer a su marido y a sus hijos!

Cuando expresaba estas opiniones tan cuerdas, pareciome que la sombra de Ilduara, irritada y fatídica, lívida de color, cruzaba por delante del vidrio azul de la galería —porque en la galería pasaba esta plática—. Y sobre el cirio amarillo, como bañada en luz de oro, apareciose doña Milagros. Ninguna de aquellas dos mujeres, tan diferentes entre sí —las dos a quien yo había querido—, se asemejaba a mi madre en lo más mínimo. Entonces pensé que tal vez suceda con las mujeres lo que con los hombres, y lo que es bueno para unas sea para otras ominoso y detestable. El doctor, entre tanto, alisando su blanco cabello rizoso, estirando sus níveos puños, derecho y engallado, sonreía maliciosamente.

—Me parece que no está usted conforme, señor de Moragas —añadí al notar su buen humor.

—No... lo que pasa es que se me figura que hablamos dos idiomas diferentes, y que por este camino no podremos entendernos jamás. Con el fin de que nos entendamos en lo indispensable, en lo referente al tratamiento de su hija de usted, solo le ruego que se haga cargo de una cosa: que para querer al marido y a los hijos hay que empezar por tenerlos... y que acaso, si Argos los surgiese, no descarrilaría. ¿Puede usted casarla? ¿No? ¿Entonces, cómo quiere usted que realice el tipo ortodoxo de la hembra de nuestra especie?

Según hablaba Moragas, pensé en mí mismo, y vi con extraña lucidez que yo, yo en persona, Benicio Neira, sí que realizaba el tipo señalado como ortodoxo para la mujer. Empapado en las ideas de mi madre acerca de la organización monárquico-absoluta de la familia, y no pudiendo plantearlas porque mi esposa no se había sometido a mí, las había planteado sometiéndome yo a ella y viviendo única y exclusivamente para mis funciones de esposo y padre. No había cosido, es cierto; pero otros oficios domésticos que, en mi opinión, incumben a la mujer, los había aceptado en ocasiones dócilmente. Una llamarada de rubor me encendió el rostro; no estaba seguro de mi virilidad; parecíame sentir alrededor de mi cuerpo crujido de enaguas. Por fidelidad a mis ideas tradicionales, ¿habría yo sido en mi casa el hembro? ¿Tal vez quien no sirve para amo es necesariamente esclavo?

—Señor de Moragas —dije en alta voz y sin fe— que yo sepa, no piensa en amores mi hija. Trátase de una monomanía mística; si algo tememos es que se nos meta monja.

—Señor de Neira —respondió el doctor—, yo le aseguro a usted que no hay tal, y su hija está perturbada en el terreno amoroso. La congestión de la fantasía ha parado en eso; y cuando lo digo, tengo mis razones. La he examinado atentamente; pero no atribuya usted este rasgo mío a perspicacia, no; la malicia se ha adelantado a la ciencia, y corren voces por ahí...

—¿Qué voces? —exclamé alteradísimo.

—Las que nunca faltan... Las de los innumerables chismosos de cada pueblo.

—Pero... ¡Dios mío! ¿Con quién? Argos...

Moragas tecleó en la pechera.

—Es difícil mi situación. La de usted también. Hay otra situación peor todavía: la del hombre que, obligado a evitar, no ya el pecado, sino hasta la apariencia de él; más sujeto dentro de su sotana a las vírgenes dentro de su blanco traje; forzado, sin embargo, a tratar con mujeres, a oír sus íntimos secretos, a ser, como ellas dicen, su director espiritual, su confidente, su amigo, ve a alguna de esas mujeres —de cuya conducta, en cierto modo, es responsable— caer en el abismo de la pasión imposible, absurda, reprobada, sin finalidad. ¿Qué se hace en casos así?

No dijo más Moragas, ni era preciso para que yo comprendiese que sus noticias confirmaban enteramente las del Padre Incienso. Y la aflicción, la paternal humillación que sentí fueron tales, que se me saltaron las lágrimas. Por primera vez, de mi vida apreciaba uno de los aspectos terribles de la solidaridad entre padres e hijos: la responsabilidad que nos toca en el mal que no hemos cometido, como autores del autor de ese mal.

La mano del doctor se apoyó en mi hombro.

—¡Ánimo! ¡Ea! ¿Qué es eso? Alégrese usted de la persona en quien recae el extravío de Argos; esté usted cierto que no abusará de él. ¿Quiere usted saber más? Vamos, yo le voy a decir todo... siempre que prometa tener valor.

—Lo tengo —respondí—; solo que lo que atañe a mis hijas, en esto de la honra, es lo único que me aplana... Pero diga usted... diga.

—Pues allí va... Conviene que usted sepa que él mismo fue quien me avisó de... de la enfermedad de Argos.

—¿Él?

—Sí... el director... Y mire usted... yo, el médico empecatado, el librepensador empedernido, tengo que reconocer que el diantre del Jesuita se porta como hombre de bien... y además como hombre experto. Rayó a gran altura de discreción. Díjome que sabiendo que soy el médico y el amigo de la casa, se creía en el deber de llamarme la atención respecto al estado de salud de Argos... Me rogó que me fijase en ciertos fenómenos y síntomas, y diome a entender que, entre las manifestaciones de la enfermedad de su hija de usted, había algunas que rebasaban del límite de aquellas que la medicina puede combatir... Añadió que, por su profesión y ministerio, estaba habituado a ver casos semejantes, y que, hecho a diferenciar los verdaderos llamamientos de Dios de las ilusiones que se forja la fantasía humana, no atribuía gran valor a ciertas cosas... extraordinarias... peregrinas... que le ha referido Argos, y las consideraba síntomas de un estado de perturbación causado por la muerte de su madre...

Callé. Algo ardiente me quemaba el rostro. Al fin, pude preguntar:

—Y... ¿qué síntomas raros son esos... de que habló el confesor de mi hija?

—Los hubiese yo podido relatar antes de oírle a él y de verla a ella... La agitación moral; la alteración funcional del sueño y de la comida, que ella toma por devoción, diciendo que ayuna al traspaso cuando deja transcurrir un día entero sin probar alimento; la insensibilidad al frío, que la permite pasarse la noche en camisa, rezando; el buscar el mismo frío para calmar el ardor de la piel, echándose sobre el santo suelo; y, por último, algo alarmante: las alucinaciones... Del oído: su hija de usted, a cada momento, cree oír la voz del Padre que la ordena que haga esto, aquello o lo de más allá... De la vista: su hija de usted cree que a ciertas horas se aparece a su lado. El Padre... y siempre de pie, y al lado izquierdo siempre... Pues aún hay más... ¡Hay más! Voy a enterarle de una cosa que usted no sabe, y... vamos... cosa peliaguda... Argos se alabó de tener... ¡ahí es nada! una llaga milagrosa en la frente... como una santa... ¡no sé cuál! usted recordará mejor.

Retrocedí, mirando espantado al médico.

—No se asuste... Oiga con calma... En efecto... la frente... ¿no se ha reparado usted que la llevó vendada algunos días? La frente de su hija de usted... ha sudado sangre.

Mi palidez, mi susto, fueron tales que sobresaltaron a Moragas. Sentí un estremecimiento que bien puedo calificar de terror sagrado: aquel escalofrío de que habla Job, que entre las nocturnas tinieblas heló en sus venas la sangre y erizó sus cabellos, vino a resbalar, como un hálito de tumba, sobre mi rostro que la angustia bañó en sudor glacial. Mis cincuenta años de fe; las creencias mamadas con la leche y enraizadas en el corazón; todo aquel fondo de catolicismo, que yo ignoraba a veces, pero que no por eso dejaba de regir mi conciencia, mis sentimientos y mis actos, se condensó en un solo grito, en una exclamación venido del alma:

—¡¡Jesús!!

Y Moragas, cogiéndome del brazo y apretándomelo con sobrehumana energía, respondiome:

—No es Jesús, no... Le hablaré a usted, no como habla el médico, sino como hablaría el mismo Padre Incienso si usted le consultase... Jesús debe de complacerse en la pureza; Jesús debe de aborrecer la amalgama de la pasión humana y profanísima, con las formas castas y místicas de la caridad... No es el dedo de Jesús el que abrió en la frente de Argos esa llaga. Es la circulación alterada por los fenómenos histéricos, y que, congestionando un punto cualquiera de la epidermis, lo hincha hasta que rompe la piel y sale la sangre por allí... Es un fenómeno característico de la enfermedad, que combatiremos por medios racionales... Tan natural es eso, como el sangrar por las narices... No corre peligro la vida... Lo que sí peligra es la fama, es la consideración de su hija de usted. ¡Ya empieza a susurrarse...! ¿Sabe usted quiénes lo llevan y traen, quiénes lo propalan? Esas beatuelas, esas ratas de sacristía, esas diletantes del confesonario, que tienen de ella... ¿cómo me explicaré? una especie de celos... sí, de celos. Zoe Martínez Orante, Paciencia Borreguero, Ragaladita Sanz, han sido las primeras en notar ciertas tonterías de Argos... y en comentarlas con frases de emponzoñada miel. Yo puedo atender al cuerpo: a la reputación, solo usted puede.

—¡Dios mío! —murmuré lleno de aflicción—. ¡Dios piadoso! Bastante es para un hombre, señor de Moragas, cuidar de su propia conciencia, de su reputación propia; celar su honradez y librarla de manchas feas... ¡La reputación de los hijos debiera ser sagrada! Sagrada, sí; los que atentan a ella proceden como infames... ¡Ah! ¡Que no haya castigo para estos delitos! ¡Mi hija desconceptuada! ¡La pobrecilla, que ignora tal vez su estado; que se cree inspirada por el cielo!

—Así es. Ella tiene en esto la misma responsabilidad que tendría si la saliese un tumor, o la doliesen las muelas. En fin, no amontonarse. Calma, mucha calma, calma sobre todo. Voy a poner un directorio en regla: usted se obliga a que lo observe la muchacha, y sobre todo, no me la deja ir a la iglesia... ¡ni a otros lugares de perdición...! Y dentro de dos o tres meses, según esté Argos, nos la llevamos a la Erbeda a beber leche y desgranar maíz. Campo, aire, libertad, sueño, comida. Salud segura.

La tarde de este mismo día, entrome un escozor de comprobar por mí personalmente la verdad de las afirmaciones de Moragas y saber si, en efecto, la honra de mi hija andaba en lenguas. Se me figuraba —y no iba descaminado— que solo con acercarme a la Sociedad de Amigos, leería en los rostros la calumnia. Resuelto a observar, emboceme en mi capa y me fui a la Sociedad, a la hora en que sabía yo que se esgrimían las tijeras y el cuchillo.

Así que entré, pude comprender que, en efecto, allí se murmuraba, y lo que más que demostró que se hablaba de personas para mí queridas, fue que, al llegar yo se estableció de súbito en el corrillo embarazoso silencio. Como si mi presencia les hubiese echado una rociada de agua glacial, callaron y sorprendí codazos, gestos, miradas expresivas que decían con elocuentísimo lenguaje: «Ahora no podemos continuar. Hay papel de estraza. A otro asunto».

Entonces sentí un impulso que no había notado jamás en mis cincuenta años de vida esencialmente pacífica. Fue como una remoción, en lo profundo de mí, de todos los instintos animales y sanguinarios de que no carece ningún hombre. Fue un deseo vivo, ardiente, incoercible, de destruir, romper, ahogar, hacer trizas. Sí; gustoso, gustosísimo, hubiese cogido a todas aquellas gentes y las hubiese retorcido entre mis flacas manos como se retuerce la ropa mojada. Una visión horrible me pasó ante los ojos: pareciome ver a mi hija, a mi niña querida, al pedazo de mis entrañas; pero verla... ¿cómo lo diré sin que se manche mi boca?, despojada de los ropajes que velan el pudor, tendida, pálida, exánime, sobre una losa de mármol; y las miradas de aquella gente maldita se clavaba en ella, escudriñaban su hermosura, la registraban ávidos e impúdicos, la profanaban... ¡Ah! ¡Qué tentación, repito, de lanzarme a ellos y despedazarles! Acordeme de la gallina, que a pesar de su mansedumbre, se eriza y enfurece para defender a su progenitura. ¡Yo me volvía león!

Algo extraño debía de notarse en mi gesto, para que Mauro Pareja, el Abad, mirándome fijamente, me cogiese de un brazo y me llevase, como en animosa demostración, hacia el cierre de cristales que daba al mar, en el salón de lectura.

—Don Benicio... ¿qué le pasa a usted? —preguntome—. Parece que está usted así... como inmutado.

—No sé... —murmuré apenas repuesto de la horrible impresión— No sé... ¡Déjeme usted ahora... aguarde un poco...!

Y de pronto, encarándome con él:

—Mire usted, don Mauro.. usted es amigo mío... usted me aprecia; digo, yo creo que me aprecia. Deme usted una prueba de amistad: una sola.

—Diga usted... ¿De qué se trata?

—Pero no ha de engañarme usted.

—¡Si no sé que es ello! —exclamó cada vez más sorprendido. Al ver mi angustia, añadió:

—En fin, bueno... se lo prometo a usted. Explíquese.

—Pues dígame, ¡pero con verdad! de qué hablaba esa gente cuando yo entré, y por qué callaron de pronto.

Mauro Pareja reflexionó breves instantes. Vi en su rostro señales de perplejidad. Al fin, enarcando las cejas:

—¿Me promete no sulfurarse?

—Haré lo posible... Venga... Espero.

—Después de todo, si se sulfurase usted, valiente tontería... Cuando no se trata de personas que a uno le tocan muy de cerca...

—No entiendo... ¡No entiendo!

—¡Vamos... oiga...! Como usted es tan amigo... —y Mauro recalcó la frase— del comandante de Otumba... y como se hablaba del escándalo... del escandalito monumental...

—¿Qué escándalo? —interrogué.

—¡Hágase usted de nuevas! Lo del asistente...

—Del... ¿del asistente?

—¡Vamos! ¡Conmigo no sirven disimulos! Ese asistente tan buen mozo... ¡Pues es un grano de anís!... Usted me decía que las murmuraciones contra doña Milagros no tomaban forma nunca... Ya la han tomado... ¡y muy gallarda! Si yo soy mujer, creo que por un chico tan guapo... Aunque... francamente... la clase... la... ¡Digo, si doña Milagros no tiene el mismo aristocrático abolengo que el Vicente!

Apoyeme en la vidriera. Me caía. El mar dio vueltas y el cielo también. Entreoí que dijo Mauro Pareja:

—Pero, ¡qué rábanos, don Benicio!... ¡Se nos va usted a desmayar como las mujeres!

XIII

¡Oh Dios, autor nuestro; Dios que sacaste de la nada esta hermosa bola verde-mar y color de chocolate, que gira por el espacio azul llevando en su seno tantas maravillas de la naturaleza, de la civilización, del arte y de la industria! ¡Oh Dios, que cuentas entre tus atributos la universal presciencia y la suprema sabiduría; Dios, que todo lo haces con número, medida y peso; Dios, que enlazas a la causa el efecto y derivas el fenómeno del noúmeno; Dios, que solo puedes tener por divisa la armonía y la lógica inflexible; Dios, que te propusiste un plan, y en ese plan simbolizaste la razón suma...! ¿Por qué dividiste a la humanidad en dos sexos?

¡Te hubiese sido tan fácil, Señor, al formar al ser humano, constituirle de suerte que no se encontrase descabalado y solo, y no le apremiase sin cesar el impulso de reunirse con la otra mitad de la naranja, a riesgo de tropezar en vez de medio fruto dorado y deleitable, media venenosa poma! Este estímulo: esta sed, menos material que psicológica; este desasosiego, esta inquietud, estas rabias y dolores que nos atarazan el espíritu, ¿por qué, Señor, por que nos las impusiste a nosotros, efímeras criaturas de una hora, destinadas ya a tantos sufrimientos? ¿Por qué condenaste al amor a los que ya estaban condenados al trabajo y a morir?

Todavía, Señor, comprende mi flaca inteligencia que esa ley amorosa nos obligue durante el período indispensable para que no se extinga la especie humana: todavía me avengo, de buen grado, a que por instantes se alborote y escalabrine el barro vil de nuestro cuerpo; pero el alma, Señor; la porción inmaterial y purísima, que guarda en sí la centella divina de su origen, ¿no valdría más que se mantuviese libre y tranquila, en plácido sosiego, dedicada solo a contemplarte, a admirar tu grandeza y a esperar el momento en que Tú la recojas?

¡Porque en efecto, Señor, para los fines de la conservación de nuestra especie, corto tiempo bastaría; y los que han llenado —tal vez con exceso— el deber de impedir la extinción de la raza humana —verbigracia yo— deberían —así como al jornalero se le otorga descanso cuando ha cumplido su tarea— encontrar el reposo y la calma del corazón y de las potencias, y dominar con serena sonrisa la lucha de las pasiones!

¡Lo has querido así, Señor... y sin comprender tu voluntad, la respeto! Has dispuesto que, atraídos sin cesar por el sexo contrario, sin cesar también, si hemos de acatar tus leyes, lo evitemos, lo huyamos, elevemos barreras entre él y nosotros. Y procuramos hacerlo para servirte. Pero tómalo en cuenta, Señor... porque si es fácil, sobre todo cuando se han calmado los hervores de la mocedad, huir de un cuerpo que la ilusión nos representa divino... ¡es casi imposible apartarse de un alma en quien teníamos cifrada nuestra espiritual delicia!

Si hubiesen podido tomar forma mis atropellados pensamientos —al volver de la Sociedad de Amigos llevado del brazo por Mauro Pareja—, creo que sería muy análoga a la de los párrafos anteriores. Bajo la impresión de la bochornosa nueva; en medio del dolor que me aplanaba y casi me embrutecía, mi imaginación, excitada por acontecimientos recientes, alzaba líricamente su vuelo para preguntar a la Providencia la razón de ser del perpetuo conflicto entre las pícaras mujeres y los bellacos de los hombres. En aquella triste hora de desengaño y vergüenza, creía verlo todo claro: el fundamento de las desconfianzas de mi esposa; su perspicacia al rastrear la condición de la comandanta de Otumba; la razón suficiente de mis defensas y de mis caballarescos arrechuchos; el móvil conducta al confiar mis hijas a doña Milagros; el verdadero carácter de semejante mujer, buena y sencilla en apariencia, en realidad impúdica y torpe como las romanas emperatrices...

Porque, señores, solo con una emperatriz romana, de las que entronizaban momentáneamente a sus esclavos, se me ocurría comparar a la inicua, a la falsa, a la perversa...

Pensando estoy, lector y juez mío, que al llegar aquí dirás: pues hombre ligero de cascos, mal pensado y tornadizo, ¿cómo das tan fácilmente crédito a la más ofensiva de las imputaciones que contra esa señora se formulan, mientras desdeñabas, con olímpico desdén, otras hipótesis por cierto estilo menos infamantes y aun algo creíbles?

Es muy cierto, y yo también reflexioné sobre esta anomalía, y vine a deducir que, como sucede con todas las cosas del mundo, lo creí... no porque me lo dijesen, sino porque instintivamente ya lo creía antes, desde el mismo día en que doña Milagros me expuso aquella célebre teoría acerca de nuestros primeros padres, y después me llevó a la cocina para enseñarme cómo había encontrado la perla de los servidores...

Mi movimiento de repulsión al notar la arrogante presencia de Vicente; el impulso profanísimo, inesperado, que sentí en la antesala, no habían sido más que avisos, intuiciones de unos celos que aún no se conocían a sí propios. A primera vista yo no había podido definir ni precisar lo que temía, porque me engañaba la desigualdad de condición social entre la señora y el mozo valenciano... Pero, bien mirado, ¿dónde estaba semejante desigualdad? Doña Milagros (bien lo decía Ilduara) pertenecía al pueblo por los cuatro costados. La sobrina de la tomatera de Chipiona no tenía por qué hacer ascos, como no fuese por virtud, al soldado raso, hijo tal vez de algún honrado labriego de la ribera, y no inferior a su ama ni en origen, ni en principios. El mismo encanto de doña Milagros; la simpática espontaneidad, la frescura de sentimientos, la sinceridad, la abnegación, la completa ausencia de esas pretensiones ridículas y mezquinas que afligen a la mesocracia, bien podía poseerlo Vicente, como poseía una belleza noble y varonil que los caballeros ¡ay de mí! le envidiábamos.

Pensando en esto, casi se me saltaban las lágrimas de rabia y despecho. No ha de llamarse celos lo que yo sentía, entonces. Era más bien un remordimiento doble y agudo; el de haber ofendido y abreviado la vida a la buena esposa, el de haber confiado mis hijas a semejante mujer. ¡Ah, todo se acabaría, todo! La ruptura de la amistad sería completa, irremediable y pública; prefería dar, como suele decirse, mi brazo a torcer, reconocer tácitamente que había sido un bolo y vivido en el más risible engaño, a fin de extirpar de una vez aquella mala hierba enraizada ya en mi hogar!

«La extirparé, quien lo duda» —afirmaba entre mí—. Pero al mismo tiempo, cierta vocecilla desalentada y mofadora decía también allá en los últimos pliegues de mi conciencia: «No la extirparás, porque te faltará valor. Tú eres hombre que ha soportado el destino, pero no lo ha dirigido y dominado nunca. Tú tienes de varón solo la forma: tu espíritu es pasivo, dócil; por el cauce que le abren, se desliza; no sabe rebelarse y arrostrar los obstáculos. Tu política es la política de los aplazamientos y de las contemporizaciones; tu ética, la resignación; en tu niñez solo aprendiste a sufrir, solo viste ejemplos de mansedumbre y paciencia; el resorte de tu carácter está roto; no te erguirás; seguirás consintiendo que una mujer liviana haga de madre de tus hijas, y ocupe el lugar de la intachable señora a quien mató...». ¡Porque hasta de asesinar a Ilduara acusaba yo entonces a doña Milagros!

Con tan negras vacilaciones entraba, del brazo del Abad, bajo los soportales de la plaza de Marihernández, paseo muy concurrido en los días de lluvia —aunque por lo general estuviesen más húmedos que la misma plaza—. Mauro Pareja, que me sostenía, preguntome cortésmente:

—¿Se encuentra usted mejor?

—Gracias, mucho mejor fue encuentro... No acostumbro padecer estos vahídos— respondí.

—No es nada: ya lleva usted otro cariz: allá se desencajó usted enteramente; parecía usted un cadáver. Pero, antes que lleguemos a su domicilio de usted, quiero atar el cabo que nos dejamos suelto cuando usted se indispuso. Todo lo que yo le dijese a usted de lo que se glosa en el pueblo respecto a doña Milagros y al asistente buen mozo, sería flor de cantueso al lado de la realidad. Hace años que no había disfrutado Marineda escándalo por el estilo. Sé que corren por ahí unos versos de Primo Cova, que arden en un candil: pimienta fina... Se han sacado de ellos una docena de copias... pero no he podido conseguir ninguna todavía, y eso que me los prometió el condenado... Así que los tenga se los leeré a usted... Y nos reiremos.

Hice el gesto que haría un sentenciado a garrote si al ajustarle el collar le dijese el verdugo una chanza, y el Abad continuó:

—Los detalles son de este género: que Vicente le abrocha las botas y le ajusta el corsé a su ama... En fin, le aseguro a usted que la historia no tiene desperdicio. Yo no sé si a usted le agrada o le contraría que le entere: pero se me figura —y noté en el acento del Abad cierta conmiseración— que estaba en el deber de enterarle. Era cargo de conciencia el permitir que por ser usted la única persona que a estas fechas no veía claro, consintiese que sus lindísimas hijas... Lo demás... ¿qué diantre importa?

—¡Ay amigo mío —murmuré con aflicción—. ¡Eso es más fácil de decir que de hacer! Crea usted que me pone en un conflicto...

—¿Quiere usted un consejo bueno? Se muda usted de casa... ¡y andando!

Excelente encontré el parecer. A los miedosos les es grata y fácil la retirada. Mudarse, sí, mudarse: romper ese nudo sutil y apretado de la vecindad, que estrecha toda relación como irrita toda antipatía suprimir los encuentros en la escalera, las paraditas en el portal, las bajadas y subidas de los niños, el inevitable roce, basta el ruido de muebles que recuerda la proximidad de la persona en quien no quisiéramos pensar... Mudarse, sí: ni había otro arbitrio.

—Tiene usted razón —dije al Abad—: lo único factible es irse bien lejos, a la calle de la Unión de Cantabria... o a la plaza de Compostela... ¿Gusta usted subir a descansar?

Negose cortésmente el Abad, fiel a su sistemática resistencia de solterón empedernido, que no entiende de poner los pies en casa donde hay señoritas casaderas. En este punto, Mauro Pareja era incorruptible, y yo, que lo sabía, no insistí.

En el mismo portal encontré a mi casero Baltasar Sobrado, que se disponía a emprender la ascensión. Nos saludamos cordialmente. Hacía tiempo —desde que él asediaba a doña Milagros en nuestra tertulia— que no nos dirigíamos la palabra el rico viudo y yo. No sé por qué razón, ahora me aproximé a él con un apresuramiento que puede llamarse amistoso. Él me tendió la mano bien enguatada y me dedicó una sonrisa semiprotectora, semiconfidencial, colocándose en la actitud de un hombre que quiere demostrar que no ha dado importancia a los candorosos desplantes de otro; y yo, aprovechando la ocasión favorable, con la precipitación de los que no están seguros de mandar en su voluntad al día siguiente, díjele que había resuelto mudarme: que la casa era muy cara para mí, y que le agradecería me advirtiese si en alguna de las suyas había un piso desalquilado —pues Baltasar poseía en Marineda seis u ocho hermosos inmuebles—. Con gran sorpresa mía, el casero se encogió de hombros, forzó la sonrisa y la amabilidad, y murmuró cogiendo y remirando las solapas de mi gabán, lo mismo que si le interesase mucho su forma y color:

—¡Bah! ya entiendo... La subidita del duro, que no la ha digerido usted, vecino... No, y tiene usted razón: eso fue una tontería del apoderado, que se empeñó en apretar, y apretó donde no debía... Pero le he leído la cartilla, y cuente usted que desde hoy tendrá usted su piso al precio de antes. Y se empapelará también el dormitorio de las niñas. ¡Solo faltaba! No había de estar con papel sucio y viejo. Las pondremos algo bonito... un fondo perla con ramitos de rosas Pompadour: Hasta he dispuesto que se componga el fogón: si hace humo, lo renovaremos completamente. Estas mejoras y otras de pintura, revoques... etc., ya supondrá usted que las concedo con mucho gusto: todo antes que usted se me vaya. No: lo que es con eso... no se transige, don Benicio: no se transige.

Aturdido y sin saber cómo interpretar tanta atención y afecto, respondí:

—Pero si es que lo... Si es que me convenía...

—No, no le conviene a usted... ¿Qué le va a convenir? Como que le rebajaré no solo los veinte reales de la subida, sino otros veinte de alquiler... ¿eh? vamos, aunque digamos treinta... Se me figura que así... ¿Pero iba usted a retirarse? ¿Tenía usted mucha prisa? —añadió aquel modelo de casero, cogiéndose campechanamente de mi brazo y llevándome hacia los soportales, por donde comenzamos a pasear deteniéndonos a cada minuto.

—Conmigo —decía Sobrado recargando el tono confianzudo— puede usted hablar francamente. ¡Yo sé bien..., pero muy bien! lo que son ciertas cosas. Un padre tan cargado de familia como usted, pasa a lo mejor la pena negra... y no es que falte con qué vivir, no; ni es tampoco que sea un despilfarrado, ni mucho menos un vicioso. Es que vienen los imprevistos; es que no se puede, teniendo chicas, meterlas debajo de una cazuela; es que hoy el traje, mañana el sombrerillo... el dinero se va, ¡qué sé yo cómo!, sin sentir. Para establecerlas es preciso lucirlas; para lucirlas, adornarlas; para adornarlas, gastar bastante... No salimos bastante de este círculo vicioso. Hoy sus hijas de usted llevan luto; pero no lo han de llevar eternamente; vendrá el paseo, el teatro, el baile; no tendría nada de extraño que usted..., que usted necesitase... por poco tiempo, naturalmente... recurrir... a un... a un amigo... De esto se ve... a cada triquitraque. ¿Porque usted será opuesto a vender?

—¡Opuestísimo! —exclamé con toda la energía de mi alma—. Para mí son sagrados los pedazos de tierra que me transmitieron mis mayores.

—¡Bien, bien! Muy sanas ideas. La propiedad fundada en la tradición, es una base social... de las más sólidas. No venda don Benicio; no venda usted, aunque le ofrezcan el oro y el moro.

—Antes creo que me dejaría morir.

—Y además, pregunto yo: ¿qué necesidad tiene usted de vender? El que vende por necesidad, vende casi siempre a desprecio, malbaratando. Pero eso es para quien no dispone de un amigo, que en buenas condiciones le adelante tres... o seis... o diez que puedan urgirle en aquel momento. Y usted no está en ese caso. A usted le basta abrir la boca.. y encontrará inmediatamente lo que se le ocurra. Supongo que, si llega la ocasión, se acordará usted de los que estamos cerca. No vaya usted a ponerse en manos de logreros que le asfixien... Bien sabe usted dónde hay amigos viejos.

Confieso que la gratitud y la sorpresa me embargaron el habla. Yo, dígase la verdad, me había conducido con Sobrado medianamente. Hasta creía haber estado impolítico con él. Todo por culpa de mi quijotesco empeño en defender contra malandrines y follones la honra de doña Milagros. ¡Necio de mí! Sobrado era el hombre de mundo, el experto, el que conocía a las mujeres, mientras yo... ¡Cuánto me despreciaba a mí mismo! ¡Cuán ridículo me encontraba!

Como si Sobrado adivinase mis pensamientos, diome al codo obligándome a mirar, de soportal afuera, hacia las iluminadas ventanas de la comandanta de Otumba.

—Ese piso sí que me gustaría a mí que se desalquilase —murmuró mordiendo ligeramente su bigote, que aún era dorado y fino—. No me hacen feliz historias de cierto género... Pero ¡ahora que me acuerdo! ¡Si usted es uña y carne de la prójima... y va a sacar la espada por ella, de seguro!

—Yo no saco la espada por nadie... Pero me agrada que de las señoras se hable con miramiento —advertí, sintiendo renacer, al latigazo de aquellas brutales palabras, mi tradicional criterio y mis añejas indagaciones.

El camastrón de Sobrado no insistió: era demasiado sagaz. Se limitó a hacer un movimiento picaresco de cejas, y antes de soltarme, en el descanso de la escalera, a la puerta de su piso, insistió, tomándome de nuevo las manos:

—Cuidadito... Si alguna vez se ve usted en apuro... con franqueza... Nada de vender... Los amigos para esos casos somos.

Subí a mi casa. Mis piernas flaqueaban, rendidas por doloroso cansancio; mis sienes latían; en mi cabeza retumbaba un murmurio, como de resaca del mar... «Voy a caer enfermo», pensé, mientas Feíta, según costumbre, me abría la puerta.

Hay días —muy contados, es cierto— que parecen tejidos con hilos de luz; en otros diríase que la trama de la vida se enreda y se afea y adquiere negruras de fúnebre crespón. Aquel era de estos últimos. ¡Qué día, viven los cielos! ¡Qué día! Primero el doctor Moragas y sus noticias sobre Argos; después, el Abad y sus noticias sobre la comandanta de Otumba; luego, Sobrado y sus ofrecimientos, que olían a miseria y a ruina; y ahora... Ahora, Feíta me siguió misteriosamente a mi cuarto, y mirando alrededor, y acercándose luego a mi oído, murmuró esta lacónica y terrible frase:

—Papá... debemos mucho.

—¿Qué? ¿Que debemos? Chiquilla, ¿estás en tu sano juicio?

—Ya se ve que estoy. Debemos mucho, y vamos a deber más, porque urge comprar mil cosas. Me han amenazado Rosa y Tula con ponerme las posaderas como un tomate si se lo digo a usted... pero se lo digo, y a Roma por todo. Si se atreven a tocarme, las dejo el pescuezo como un hilo. ¡Vaya!

—¡Pero hija... no te entiendo! ¿Qué deudas son esas, di?

—Son... son trampas de Tula... porque dice que lo que usted daba para gobernar la casa no alcanzaba... y que ella no se ha de volver duros. Se le debe a la panadera; se le debe al de la tienda de ultramarinos; a la aguadora dos meses; a la lechera; a la lavandera, al que trajo la leña... y a la tocinera de la plaza el jamón y el tocino de más de un trimestre... Esa parece que ya se insolentó, y le dijo a Tula mil barbaridades.

—Pero... —tartamudeé —¡si es imposible!... He dado más de lo que se daba en vida de tu pobre madre... ¡Más de lo justo!... No puedo creer lo que me cuentas.

—¡Papá del alma! —murmuró la chiquilla echándome al cuello los brazos—. ¡Qué buenísimo, qué infeliz le hizo Dios! Por eso hay que quererle más —añadió estampándome un fresco beso en los bigotes—. Usted dio, ya se ve que dio, y más de lo que destinaba mamá para el gasto... Solo que no se invirtió ese dinerito en la casa, sino en los caprichos de cada una... Tula, que no tiene bonito sino el pie, ha derrochado un dineral en calzado y medias... Rosa, se pierde la cuenta de lo que se le va en perfumería, en guantes, en alfileres de azabache en macacadas por el estilo... La chiflada de Argos compra piezas de música, se suscribe para las novenas, y además le compró regalitos al Padre Incienso... Yo lo sé... Por cierto que el Padre la dio un chafo: los devolvió... Hasta la pavisosa de Constanza tuvo el antojito de retratarse y de comprar un álbum... ¡Está para álbumes el tiempo!... Mire usted —añadió bajando la voz—, también milor Froilán fuma... ¡Son muchas gotas de cera, y hacen el cirio Pascual!

¡Día de oro! Antes de acabar de enterarme de nuestro precario estado y calcular la gravedad del conflicto económico, nos avisaron de que estaba servida la cena... Senteme a la mesa con más ganas de llorar que de comer, y las chicas, que andaban tan alegres y alborotadas como alicaído yo, sacaron la necia conversación de la belleza física de los hombres.

—¿Te gusta a ti Baltasar Sobrado? —Preguntó Purita a Constanza.

—¡Ay! no... ¡Parece un calabacín... los carrillos tan gordos!

—¿Y Visanté?

—¡Visanté! —exclamaron dos o tres de las chicas—. ¡Ese sí! ¡Es guapísimo! ¡Una preciosidad! ¡Qué ojos! ¡Qué pelo! ¡Qué cara!

—A ver si os calláis —dijo severamente Tula, con un acento y un gesto que recordaban enteramente a su madre—. Da asco oíros hablar así de un criado. Para las señoritas, los criados no son hombres.

—Pues Vicente es hombre, y reguapo —declaró Feíta con energía de niña emancipada—. Y mira: más vale decirlo así, francamente, que mirarle con el rabillo del ojo, como le miraba... alguna que... que se la echa de dómina.

De un brinco se alzó Tula de la mesa: y agarrando por un brazo a Feíta, la sacudió dos bárbaras puñadas en el rostro. Pero Feíta, desprendiéndose de a las manos de la mayor, descargole a su vez sonora bofetada en la mejilla, mientras balbucía sollozando:

—¿Quién eres tú para pegarme, malvada? ¿Quién eres tú?

Me lancé a separarlas, porque Tula, descompuesta, quería «hacer un escarmiento». No sé cómo logré que, gruñendo y lloriqueando, se apartasen. Ya sosegado el motín, se me ocurrió ver qué hacía Argos. En su cuarto había luz: miré por la cerradura, y vi algo semejante a una aparición. Mi hija, de pie, inmóvil, no tenía otra ropa sino la larga camisa de dormir, que descendía hasta el suelo. Con la cabellera tendida, las manos abiertas y Cruzadas sobre el seno, como pintan a las Concepciones, los ojos al cielo y las mejillas arreboladas por el transporte de su espíritu, era Argos una hermosísima extática, una verdadera efigie de altar. Y al recogerme en mi cama, donde me aguardaba el insomnio, no pude menos de pensar que mi casa parecía la de Orases, y que acaso yo no estaba mucho más cuerdo que mis hijas.

XIV

No hablemos de la noche que pasé. Hacia cualquier parte que me volviese, solo veía responsabilidades, decepciones y peligros. Era preciso emprender lo más difícil para quien no está habituado: tener tesón, revestirse de energía, en una palabra, transformar mi ser... ¡Ah, Ilduara! ¡Cuán preferible encontraba yo entonces la docilidad y obediencia a tu bienhechor régimen absoluto, a la triste anarquía que me rodeaba por todas partes y que representaba el más profundo desbarajuste moral y económico!

Apenas me hube levantado y salido en zapatillas a la galería, por ver si el aire fresco de la mañana entonaba un poco mis nervios, volvíame de pronto, porque sentí detrás el aliento de una persona que respira fuerte y vivo. Mi sangre dio una vuelta... Era la misma doña Milagros, que abusando de la confianza con que nos tratábamos, venía a aquella temprana hora, sin cumplido alguno, de falda usada y casaquillo blanco, el negro pelo recogido, una toquilla marrón anudada a la garganta. En el momento de verla, lo olvidé todo: encargos del Padre Incienso, chismes de la Sociedad de Amigos, quejas y suspicacias propias..., y me dejé llevar del gusto de tenerla allí, a media cuarta de distancia, en aquel traje casero, que favorecía las ilusiones más dulces de convivencia íntima.

Mal conocerá la naturaleza de ciertos afectos quien sospeche que la proximidad de doña Milagros me producía pecaminosas impresiones. Mi satisfacción era noble y honesta: la alegría del que, agobiado por cuidados y ansias mortales, ve al amigo a quien puede confiar todas sus cuitas y con el cual espera desahogar su corazón.

Como si la andaluza adivinase lo que por él pasaba; como si tuviese facultades de zahorí, adelantose a mis confidencias, exclamando:

—Vamo, don Benisio, que hoy hay penitas nuevas... No me las caye usté; así como así las he calao.

Me estremecí, y ella continuó:

—Estoy enterá de toos los disgustos. Soy yo el paño de lágrimas de la casa, y las chiquillas me cuentan antes que a nadie sus rabieta. Una confiansa tienen conmigo... ¡Pobresiyas! No haya reparo, santo varón: descargue ese costalito de aflisiones... que alguna se podrá remediar en un verbo.

Sonreía picarescamente al hablar así, mientras con una mano se sujetaba las puntas del pelo indómito que quería salirse del rodete. El movimiento era juvenil, encantador, y suspiré, más de verla y de pensar en su infamia, que por mis apuros y contrariedades.

—No valen suspiro... ea, ¿qué hase usté callao como un poste? A contar esos pesare... ¿No? —añadió, viendo que yo sacudía tristemente la cabeza y hacía ademán de rechazar las preguntas y el interés de la señora—. Pue los contaré yo... y le iré disiendo a usté el remedio para cada uno.

Acabo de arreglar los rizos; miró al mar, que el Sol doraba y opalizaba allá a lo lejos, donde surgía la espuma de los rompientes; me dio un empellón... y habló así:

—Las hija, por orden de edaes. Tula está insufrible: con la soltería, es un pepiniyo en vinagre; rie, pega, y además, ni gobernar sabe... o no la da la gana. Bueno: pasiencia, y quitarla el mando; las cuentas las paga usté... y por la mano de eya, ni un séntimo. Clara... ¿se creía usté que yo no estaba enterá? Clara tiene determinao resar en el coro... Tan secretico lo guardó que pocos lo sabemo... Pero hace mu bien, y usté debe alegrarse. ¿Qué? Es una chica colocá; se la dota a usté otro, iy lleva buen marío!... ¿Que si la pesará luego? iA cuántas casás las pesa! Clarita corre el albur... y puede que esté más contenta que tos nosotro en el mundo. Rosa... casquivaniya... mucha gana de gastá la plata y de emperifoyarse, y de mirá al primero que la hase guiño... No perderla de vista, y no largarla ni un real tampoco a esa... iArgos, con vena de loca... pero no se asuste usté, hombre, que eso no dura, y la persona por quien anda ella bebiendo los vientos ni la ha de mirá siquiera! A esa, cerrojo y yave: no dejala salí en dos mese. Y si quiere usté oí un consejo bueno... pero bueno, icompadre!, a Argos... cuando se la quite esta Luna que tiene... la dedica usté al canto, y la manda usté a Madrí, y en el teatro se gana la vía y lo pasa como una reina... Amiguito, en estos tiempos hay que trabajá, y ca palo que aguante su vela; iy no vale decir que salimos de la pata isquierda de los Gutigambas...! Esa chica, en la tabla se hase de oro... y puede que encuentre un esposo título y miyonario. iAnda! Ya no sería la primera, ni la segunda.

Oía yo a la señora sin despegar los labios. Reaparecían poco a poco mi cólera y mi desprecio, y no encontraban más fórmula que la de aquel silencio elocuente, que ella interpretó de otra manera, creyéndolo efecto de mi apocamiento.

—¿Se le ha comío a usté la lengua un ratón? —exclamó festivamente, tirándome de la manga—. Si ya sé yo, aunque usté no responda, lo que cavila... Cavila usté en que usté es, como quien dise, un alma de Dios, un bonusir, un cacho de calabasa, que no tiene arranque... ¡vamo!, para apretarse los calsones y chillar: ¡Eh, gayinero, aquí mando yo, porque quiero y porque puedo y porque me da la gana... y a cayar, y a enderesarse! Pues hombre, si usté no puede decidirse a ser autoridá, yo... yo estaré a su vera pa darle ánimo ¿entiende?, pa que me sea un valentón... y pa que todo ande derechito. Y no le consiento a usté que se ladee. Y usté no se ladea. ¡No faltaba má! Por los hijo hay que ser duro como un cuerno... y blando como un merengue... too a su tiempo... ¿estamos? En fin, que usté hará su obligación de padre... o si no, a la horca. Misté: ¿Ha visto esa payasá que la disen el enano? Es una persona que habla y otra la apunta lo que ha de desir y mueve los braso por eya. Pues así haremos, camarada: usté habla y yo le soplo.

Tuve un respingo que la señora interpretó por desconsolada negativa, fundada en alguna razón secreta, y al punto añadió con toda su monería y con la zalamera humildad que la hacía tan irresistible:

—Que tenemos la cuestión de monise... Que este mes va a haber algún ahogo... Pues ná... no hay ahogo, querío, no hay ni sombra de él... Ayer, cuando salto de la cama, me entra Visente una carta sertificá, con más pegotes de lacre... Firmo el resibo, la abro, y sale de dentro una letriya... ¿Ve usted? —añadió, entreabriendo el casaquín con indiscreta familiaridad y sacando un papel largo, crujidor, cubierto de renglones mitad litografiados, mitad de esa bonita letra inglesa propia de los documentos comerciales—. Mi tía la rica e Chipiona... que cada medio año o cada tres mese me dispara estas pedrás... Tres mil peseta sobre la casa Sobrao... ¿Qué me dise usté del confite? Pues teniendo yo parné, ¿hae pasá usté agonías? Hombre, estaría grasioso. Tomás ni sabe ni se entera de nada de esto. Es el hombre más infelís de la tierra y sus arrabales... digo, no; más infelís es usté... ¡Al grano: el grano es que hoy cobro yo la letra... y esta noche tiene usté en su bolsa el trigo! A mí no me viene usté con resibo ni con pinturas: los papelote son bueno pa los trapalone: yo le conosco a usté y sé que tan honraos los habrá, pero más es imposible. Arreglamos las trampiyas esas... que son neutrales: porque, patriarca, esta casa es una federal, donde todos mandan y nadie gobierna, y si usté no agarra el látigo, va a traerse de las orejas cuando me lo sangren. Y como yo no he de consentir que se meta usté en manos de usureros, le doy lo que necesita... y no se habla más del asunto.

Ante aquel rasgo que confirmaba la magnanimidad de la señora y la verdad de su cariño, un enternecimiento repentino me invadió, y la voz se me trabó en la garganta. Sí; doña Milagros era muy buena; quedábamos en esos, en que efectivamente era la más generosa, la más noblota de cuantas mujeres existen en el mundo... pero lo otro, lo otro, no podía olvidarse ni perdonarse; lo otro era como mancha de cieno en blanco ropaje, como hendidura en aspa de cristal, como desgarrón en encaje rico, como grieta en torre, que delata su caída próxima. Lo otro les estropeaba todo, les inflamaba todo, lo echaba todo a perder... ¡Admitir yo dinero de las manitas impuras que jugueteaban sobre el borde de la galería! Primero la ruina y el hambre y la mendicidad... No era indignación lo que sentía; creo que este viril resorte de la indignación, como el del orgullo, faltaba en mi carácter; era pena, era bochorno, era un dolor depresivo, como el del muchacho a quien han castigado rudamente sin causa, y que respira, en la atmósfera, una gran maldad, una irritante injusticia... A seguir mi impulso, hubiese dejado caer la cabeza sobre el hombro de la culpable y lo hubiese calado de lágrimas.

—Pero cristiano, ¡se contesta! ¿Habla algún gato, que no merese ni una rasón? —murmuró la señora, enrollando la letra alrededor de su índice.

De pronto, como al destaparse e inclinarse una botella sale el agua a borbotones, salieron las quejas de mi boca.

—Doña Milagros... ya que se empeña... usted sabe que soy un hombre de bien; que en mí no cabe un sentimiento villano: que soy incapaz de no agradecer, que agradezco, que agradezco... ¡No; no me juzgue usted tan vil que la ingratitud tenga asiento en mi corazón...!

—No vale haser puchero —murmuró la andaluza volviéndose, pero no tan pronto que yo no divisase, al borde de sus pestañitas curvas y negras, una gota menuda, que al Sol relució como un brillante.

—No, si no me enternezco por lo que usted piensa... No es que me conmueva su bondad... Me conmueve; pero lo que me aflige... es que no puedo aceptarla... y las causas porque no la acepto... las causas... no me las pregunte usted... porque mire usted... ino se las diría, no se las diría...! No, doña Milagros, no insista usted, no me mate... Mucho ascendiente tiene usted sobre mí; es decir, mucho ha tenido... pero lo que es ahora... Lo que es ahora, moriré callando. Bástele a usted con saber que ni admito ni puedo admitir sus favores... Y esto es lo de menos. No le he dicho a usted lo gordo. iLo más gordo! Que... que... que nos... que ya no podemos tratarnos... vernos... ser amigo... amigos... como antes. Que se acaba esto... iSí, se acaba, y mal, y feamente! Y que ya no saldrán con usted mis hijas a la calle... ni bajarán... ni... ni cogerá usted... en brazos... a las pequeñas... a las gemelitas.

Aquí me aturullé, me desfallecí, se me atascó la voz, se me encogió el corazón, y me volví de espalda... iCuál no sería mi asombro... y mi repulsión, al escuchar la carcajada insolente que soltó doña Milagros!

—iDivino! —exclamaba la señora sacudiéndose de risa y destellando malicia por sus negras pupilas, de venturina a la luz del Sol—. iEs usté un alma mejor aún de lo que parese, don Benisio! iEs usté la perla e Dios! Pero, cristiano, ¿se ha figurao usté que yo soy tan infelís como usté mismo?

—iNo entiendo, doña Milagros! iY a la verdad... me choca... me extraña!

—Le choca... le extraña... iQuerío, querío! iSanto de mi corazón!

El acento de dulzura, de mimoso halago, con que la señora pronunció estas palabras, no lo puedo yo expresar, ni se imagina sin oírlo. Quedé atónito. iAsí acogía la señora la grave acusación, el terrible como que envolvían mis palabras! iCon tal descaro, con tal cinismo ponía en solfa la enérgica reprobación que yo la arrojaba a la luz! iHasta tal punto me creía débil, que osaba reírse en mis bigotes errando yo la aseguraba que no volvería a acompañar a mis hijas!

Aquello debía de ser un error. ¿Me habría entendido efectivamente doña Milagros?

—iQué cara de bobo estasté poniendo! —insistió ella sin dar de mano a la risa—. Vamos... yo me explicaré, es decir, yo le explicaré a usté lo que cavila, y lo que usté cree tan secretiyo entre usté y el confesor. Para que vea que no soy ninguna boba. iAtensión! ¿andan las chiquiyas por ahí?

Salió de la galería, se cercioró de que estábamos bien solos, volviendo a mí, pronunció risueña:

—¿Se acuerda usté, don Benisio, de lo que hablamo el otro día? ¿Se acuerda que le dije que en el mundo todo lo hase Adán por Eva y Eva por Adán? Pues... aplique usté ahora la moraleja. Usté, aunque no es ningún chico, y aunque es por lo bueno un paseo de mojicón, al fin... es de la casta de Adán... y como además tiene consiencia... se le ha puesto en el periquito... vamo... que me... es desir... que está un poco más chalao por mí de lo regular... y que Dios, y el Padre Jesuita, y toda la corte selestial... quieren que se aparte de mí alrededor de cuatrosientas leguas. ¿Que te quemas! ¿Verdá?

Al decir esto me miraba serena y tiernamente, y en sus mejillas tersas y sin color asomaba un carmín ligero que la hacía mucho más linda.

—No, no acierta usted, doña Milagros —respondí, trémulo, aterrado de mi emoción.

—Sí que asierto... y usté, troso de masapán, es el que no sabe por dónde se anda. Don Benisio, usté se ha creío que me quiere; y yo, si empieso a devanar por todo lo alto, también soy capás de jurar a Dios vivo que le quiero a usté como una guillá...; pero, ¿qué, hombre, qué? Si todos los pecaos del mundo fuesen así... ni agua bendita. Porque del modo que le quiero yo a usté es una cosa tan bonita y tan inocente... que, si Dios la pesca, dirá allá pa sí: «Por esto no me atufo». Porque el caso es... oiga, que tiene su intríngulis: que yo, si le quiero a usté, es porque ha engendrao dos angeliyos que me roban el arma... y a mis horas... cuando el corasón me pide querensia... verasté... no se ría... me creo que soy la mamá de eyos, y que a Zita y Media las he dado a lus, pasando los dolore y la fatiga y las aflisiones de las madre... Que si, don Benisio: caa loco con su tema, y no hay nadie que no esté loco; yo loquiya estoy, y me ha entrao la manía de que es mentira que usté estuviese casao con... con la difunta, vamo, ¡con la difunta!; que con quien estuvo usté casao fue conmigo; que nos quisimo... allá en tiempos; que tuvimos esas neniya... y que ahora todavía nos queremo, sí señó, nos queremo... de la entraña...; pero santamente, como lo hermanitos viejos, muy viejos... sin pecao ni malisia. Ahí tiene usted, querío... cómo el Padre que le dijo que no me viese y que se apartase de mí, demostró que no entiende de estas cosa. Si usté me tiene ley, es por las chiquiyas, por las gemelas de gloria... y si yo le tengo ley a usted... es por las gemelas también, por las gemelas. Y el que se figure porquerías y maldaes... peor para el muy bárbaro... peor pa el gorrino. ¿Tengo rasón? No ponga esos ojos espantaos. Los dos somo una Eva y un Adán, pero que acaban por donde los demás empiesan. Los Adanes que hasen la rosca a las Evas, es para vení a parar en la patochá de tener luego un vástago... o dos... o los que salten. Pues si aquí ya han venío; si ya los tenemos y los adoramo y son como los serafines de hermoso, ¿me quiere usté desir a qué íbamos a calentarnos la cabesa? Esto es ma claro que el agua, cristiano... Dígaselo al cura, y que se entere de que yo, grasia a la Virgen de la Consolasión, soy una buena mujer... y usté... usté, un santo.

Al ensartar estas locuras, no estaba muy lejos la señora de abrazarme; y yo, turbado, confuso, estático, embriagado, absorto, no encontraba palabra que pronunciar, ni razón que oponer a los divinos disparates de la ceceosa lengua.

—Yo le quiero a usté —repetía la señora— por la habilidad de las niñas... pero también... ¿qué se creía usté? por su persona, por usté que vale cuanto pesa... Hombre mejor no nace de madre... Bueno es Tomás, que yo no lo he de poner por los suelos; pero es bueno a lo bruto, a lo patán... y usté a lo cabayero, a lo desente. Tenía yo una amiga en Cádis que me desía siempre: «Me pirro por los perdíos». Yo soy de otra manera. Me pirro por la bondá. Siempre me yevó el alma la gente buena. Alguna delirará por un chico arrogante. A mí que me den los infelises y las criaturas de Dios. Y tampoco por aquí me voy a condenar. Esto no es cosa mala.

Ponte en mi caso, lector intransigente. Que te diga estar vaciedades una mujer de singular atractivo, de coquetería tanto más peligrosa cuanto más involuntaria; que te las diga con toda la gracia de su acento, toda la efusión de su alma, todo el brío de su carácter, y mucha inocencia real o fingida; que te las diga en una mañana de Sol, delante del mar cuya salobre brisa te acaricia la frente, cerca de unos tiestos de heliotropo en flor, que trascienden a bienaventuranza y a primavera; que te las diga con abandono, en traje casero y en incitadora soledad relativa... Y si a más no has sido amado nunca, por lo menos de una manera blanda y dulce; si tienes años y ningún mérito; si te ilusionan más las delicadezas y monerías del cariño que los estímulos de la materia; si eres capaz de estimar la dicha pura en todo lo que vale, ¿no te sentirías aturdido, loco?

Me tambaleaba; iba a caer, como los galanes de comedia, a los pies de mi dama encantadora... cuando vi que por el muelle cruzaba una figura apuesta, un hombre que levantó el rostro y se fijó en el cierre donde estábamos. El rayo de aquellos ojos fue para mí como un rayo verdadero... Volví a la razón, a la memoria, a la realidad; y señalando a Vicente —pues era él el que pasaba, llevando en las manos un envoltorio y mirándonos con intensidad y fijeza—, dije en voz que gemía:

—Usted se chancea, doña Milagros; usted me quiere tapiar la boca con jalea, pero no sirve... Vejestorios de mi facha no cautivan a nadie... Si yo me pareciese a ese...

—¿Eh? —prorrumpió sorprendida la andaluza.

—¡Digo que para gustar a Eva hay que tener la figura de ese Adán! —añadí con algo que intentaba ser ironía—. ¡Adanes así valen un mundo! ¿No es cierto?

—¿Ha almorsao usté fuerte, don Benisio? —contestó la comandanta poniéndose pálida y desviándose un poco—. Semejante guasa.

—No es guasa, sino el Evangelio —respondí con la brutalidad de los tímidos.

—¿A ver... Qué dise este hombre?

—Lo que todos dicen. Lo que todos saben.

—¿Toos? ¿Y quién son toos? ¡Embusteros infame!

—¡No, no... Por desgracia no mienten... Y como yo he abierto los ojos ya..., doña Milagros..., se ha concluido el acompañar a mis hijas... y de las gemelitas despídase usted... que no ha de volver a besarlas!

La andaluza se quedó muda. Oscilaba todo su cuerpo; sus manos bailaban sobre el talle, como si tuviese alferecía su dueña. Al fin se las echó a las sienes, se metió en la boca el puño, dio dos pataditas, respiró ruidosamente, y un grito salió de su boca.

—¡Mal agradesío! ¡Judas!

Al mismo tiempo echó a correr sin mirarme; salió de casa como un cohete; batió mi puerta; se disparó por las escaleras; retumbó su puerta también, y yo me encontré tan humillado y tan triste, que de buena gana regalaría mi corazón al que me hiciese la calidad de sacármelo del pecho.

XV

Tal vez lo que más duele de los dolores es no poder entregarnos libremente a ellos, prescindiendo de los demás cuidados y preocupaciones ruines de la vida. Cuando nos agobia la pena; diríase que también nos emborracha, y deseamos sumergirnos en ella hasta el fondo, sin sacar la cabeza fuera un instante, ni distraernos por cosa ninguna. Pero a mí no me era lícito este amargo gusto. Tenía que pensar en mi gente.

Por orden: ante todo la prosa vil: me encontraba sin recursos para hacer frente a las urgencias económicas de que me había enterado Feíta. Hasta junio no vencían las rentas, y hasta octubre o noviembre lo más pronto no se podía soñar en vender la cosecha del trigo, que estaría despuntando entonces. Rehusado, ¡y con el agua al cuello lo rehusaría! el ofrecimiento de doña Milagros, solo me quedaban dos medios de salir del apuro: o escribir a Garroso proponiéndole la adquisición de alguna finca, o recordar las insinuantes palabras de Sobrado, que de fijo me echaría un cable sin ahorcarme con él. Todo menos vender la tierra heredada de mis antecesores, y a la cual se me figuraban que iban adheridas partículas de sus ya carcomidos huesos. Solicité, pues, una entrevista de mi casero, y con la vergüenza y el sofoco inevitables en el que pide —aunque no pida gratis y por su cara bonita—, expuse mi necesidad y manifesté —apenas formaba palabras mi garganta seca— que si dos o tres mil pesetas... por poco tiempo... empeñando mi palabra de hombre de bien de que al vender la cosecha, sin falta...

Me tranquilicé algo viendo que Sobrado me recibía de la manera más cordial y campechana del orbe. No advertí en él ninguno de esos estremecimientos nerviosos que suelen producir, aun en los temperamentos más linfáticos, los ataques al bolsillo. Me tuvo un rato cogida la mano izquierda; ofreciome puros, aunque sabía que yo no fumaba jamás; me dirigió frases alegres y animadoras; ¿quién no se ha visto en algún ahogo? ¿de qué sirven los amigos? ¿para qué se ha inventado la moneda? y acabó por decirme que él arreglaría el asunto infinitamente mejor que yo mismo. —«Carta blanca»— exclamó mientras se retorcía el bigote siempre juvenil, y acariciaba a un gracioso perrillo canelo, de hocico negrísimo y poblada cola. «Usted, don Benicio —añadía el ricachón— está atortolado: es la primera vez que pide dinero... y la cosa se le hace una montaña. Si los negociantes nos aliviásemos así por miserias de déficits y de evoluciones del capital, en unas o en otras condiciones... estaríamos frescos. Nada: ánimo, y tome usted esto como la cosa más usual y corriente. Ninguno de los propietarios que ve usted por ahí tan orondos deja de tener su cachito de hipoteca encima... No; y yo le aseguro que voy a admitir la garantía que usted me ofrece... solo por complacerle, por quitarle el empacho».

No recordaba haber ofrecido a Sobrado hipoteca alguna, antes al contrario, creía que el dinero se me daba a confianza; y poniéndome muy colorado, se lo hice observar así.

—¡A confianza! —refarfuyó risueño don Baltasar—. ¡Pues claro que a confianza se lo daré a usted! ¡Porque ya podían venir ahora la marquesa de Veniales, o los de Lobeira, o los Caudillos, a pedirme valor de una peseta dejándome en garantía cuanto tiene! Se volverían como vinieron. ¿Soy acaso prestamista? ¡La garantía de usted... fórmula, pura fórmula! Usted de sobra comprende que, aun cuando no pudiese abonarme a su tiempo la cantidad, yo no le iba a sacar a la vergüenza vendiendo los lugares. Hay más; si usted, ¡ni intereses ha de abonar por el préstamo! Los intereses, o los capitalizamos, o ¡mejor aún! los cargamos sobre la renta misma de esos lugarejos que aparece usted hipotecándome. ¡Ya ve usted si es sencillo! En vez de adquirir un gravamen, puede usted decir como Juan Palomo: «Yo me lo guiso, yo me lo como». ¡Habas contaditas!

No me salía a mí la cuenta de las habas, porque también estaba en la persuasión de que Sobrado me facilitaría la suma desinteresadamente. Indiqué, de un modo tímido:

—Pero... intereses... Supongo... usted me dijo...

—¿Que se lo prestaría sin réditos? Claro está, porque el seis no se considera rédito nunca: menos del doce o del quince, nadie se arriesga a estas alturas en que andamos. El seis no es interés, puesto que casi lo produce la misma propiedad hipotecada, de modo que el interés de lo puede usted sacar a la suma, quedando ras con ras... En fin, don Benicio, salta a la vista que usted no entiende de estas cosas. Si tiene el menor reparo, no hay nada perdido: usted busca esa cantidad por ahí; a mí crea usted que me causa... no extorsión, pues por usted eso y mucho más estoy dispuesto a hacer, pero, en fin..., cierta mala obra el distraer fondos... Tanto, que si usted no quiere perjudicarme mucho, le agradeceré que acepte, en vez de un préstamo de dos mil, uno de cinco mil... La suma redonda no me trastornará tanto. ¡Para usted, más respiro; para mí, la ventaja de no desmembrar capital! Pero carta blanca... Y serenidad, ¡qué demontre! No merece la pena.

Entre aturdido y receloso; no viendo más salida y anhelando librarme cuanto antes de pensar en la ingrata cuestión de la escasez de numerario, concedí la famosa carta blanca. Por un lado, me parecía caer en una red tendida hábilmente, y experimentaba la angustia del que sabe que bajo sus pies se abre un precipicio; por otro, la inmediata posesión de cinco mil pesetazas representaba tanto descanso en mi espíritu y tanta alegría en mi hogar, que se necesitaba heroica virtud para no tender la mano y recoger la cantidad tentadora. ¡Cinco mil pesetas! ¡Desahogo lo menos hasta el invierno! ¡Y sin vender, sin deshacerme de una mota de tierra! Lo que acabó de decidirme fue que el negociante, desabrochándose y echando mano a una cartera, me puso en las manos, a guisa de arras, cinco billetes de a cien. «Ya formalizaremos el trato» —murmuró—; «Esto es para que tape usted los primeros agujerillos». ¡Ay si había agujerillos que tapar! La víspera había estado en mi antesala María la tocinera, con los brazos en jarras y la lengua en erupción, exigiendo doscientos veintiséis reales de rancio y fresco que se le debían por delante de la cara de Dios, y poniéndonos de tramposos, hambrones y señores de papel de estraza, que no había más que oír... Por librarme de semejante arpía, era yo capaz de dar el dedo meñique. «Ya formalizaremos», repitió Sobrado al despedirme. En efecto, formalizó bien pronto como se verá. No le hipotecaba mis buenos lugares de Cardobre; los intereses del dinero, el seis, se cobrarían sobre la renta actual y futura; el plazo era de un año; pero Baltasar aseguraba que a los seis meses —¡claro, hombre!— liquidaría yo con él. Sí; era un pasajero desequilibrio en mi hacienda, debida a las circunstancias realmente extraordinarias de aquella temporada azarosa. Muertes, entierros, partijas, derechos del Estado... Una crisis.

—Oye, Feíta —dije reservadamente al trastuelo cuando hube saldado las cuentas pendientes y restablecido en apariencia el orden—; ya no tenemos pufos; y ahora, vida nueva. Se me ha ocurrido que acaso poseas tú más juicio que todas tus hermanas juntas; te pongo al frente de la administración de esta casa; me irás pidiendo lo que necesites, y cada noche ajustaremos al céntimo el gasto del día. Hay que imponerse una economía severa y no derrochar ni el valor de un perro chico. ¡No sabes..., no puedes saber el sacrificio que me ha costado salir de este aprieto! Desde hoy se han de contar aquí hasta los garbanzos de la olla.

Feíta me escuchaba en reflexiva actitud, con el dedo puesto sobre los labios, y fijos en mi cara los diminutos ojuelos verdes, que destellaban atención e inteligencia. Aquel día, la muchacha tenía más que nunca su gracioso aspecto hombruno, de chiquillo travieso y diabólico; se había cortado el pelo no sé de qué empaquetada manera, y en su frente se alzaban aborrascados unos mechoncillos indómitos, mal sujetos atrás por un cordón deshilachado y viejo; vestía un largo delantal-blusa de hilo del Norte, gris, que ocultaba las formas y no descubría ninguna turgencia femenil; además, en una mejilla ostentaba un churrete de tinta, formidable. Solo contestó a mis disposiciones económicas con una mueca y un suspiro.

—También —añadí—, quiero que te encargues de impedir que tus hermanas vuelvan a casa de doña Milagros. Bajo ningún pretexto —¿entiendes?— bajo ninguno. Fíjate bien en lo que te digo: bajo nin-gu-no. Haced cuenta que... que he reñido con esa señora... o que esa señora se ha muerto... o... en fin... ¡Basta de explicaciones! Yo saldré con las que quieran salir a la calle; yo las acompañaré a todos lados, al paseo, a las tiendas, adonde vayan... pero que no sepa que ponen los pies abajo... ¿estás? ¡Cuidado conmigo!

Feíta bajó la mano, castañeteó los dedos y sonrió.

—¡Ay papá! Me envía con la embajada a mí... porque no se atreve a decírselo a ellas. ¿Pero no ve que a mí también me mandan al rábano? Lo que sucede es que no se necesitan semejantes prohibiciones, porque los de Llanes han tomado la delantera.

Me sentí palidecer.

—¿Los de Llanes...?

—No nos reciben ya... Esta mañana bajó Rosa con Mizucha y yo con el ama y las pequeñas, y nada... cara de palo. Abre la puerta el Vicente... y la defiende lo mismo que un perro de presa: no permite que entremos ni en el recibimiento. «Que la señora está indispuesta... que ahora no se pasa... que necesita descansar... que el señor también ha salido...». ¡Y si viese con qué cara dice eso Vicente! Los ojos le echan fuego. Debe de estar enfermo también él, como doña Milagros, porque parece un difunto. ¿Qué ha sido, papá? Cuéntemelo, que le prometo no decir ni esto a las mosconas, que andan muertas de curiosidad.

—Hija mía —murmuré turbadísimo y con desfallecida voz— no ha sido nada; vamos, una tontería; pero hay cuestiones de delicadeza que... los niños no podéis comprender... Cuando seas más grande, te diré a ti... ¡a ti sola!

—¿Y a esas? ¿Se lo dirá ahora porque son mayores?

—No, tampoco... es decir, dentro de algún tiempo... Soy vuestro padre, y no tengo para qué justificar una determinación que he adoptado en provecho vuestro. Creo que aquí debo mandar en jefe... Digo, estoy seguro; debo mandar, y mandaré. Es preciso enderezar esta casa.

—Papaíño —contestó la muchacha, echándoseme encima y besándome a bulto, creo que en la nariz— ya se sabe que usted debe mandar; pero también se sabe que no manda ni pizca. A mamá la obedecían esas mezquinas, por miedo, porque las zorregaba. Desde que falta mamá, cada cual va por su lado; y me alegro que hablemos de eso, que así le diré lo que conviene que sepa. Argos, aunque usted la prohibió ir sola a la iglesia, allá se larga todas las mañanitas, mientras usted está en la cama aún. Tula tiene amores... Se lo juro, papá: tiene amores con un cojo, un escribiente de la Diputación... Se cartean... Los tendría con el palo de una escoba, créame, con el afán que ahora la ha entrado por novio... El cojo es un infeliz: se me figura que maldito lo que le encanta el noviajo; con cuatro gritos que usted le pegue, no volverá a acordarse de Tula. Rosita también me parece a mí que tiene sus maulas... Están de atar —añadió con el profundo desdén de un filósofo viejo hacia las humanas flaquezas. Viendo que yo callaba atónito, continuó—. Aún falta que sepa lo que sucede con Froilán. Usted me ha encargado que le repase las lecciones, y yo se las repasaba siempre. Nunca daba pie con bola; no se le quedaban en la memoria ni las cosas más insignificantes. Su cabeza es una perilla de balcón. Solo a fuerza de machacar... Pero ya, ni eso: ya no coge el libro.

—Le voy a matar —exclamé levantándome trémulo, con los nervios como cuerdas de guitarra.

—¡Jesús! —respondió la chiquilla, riendo y deteniéndome—. ¡Matar! ¡Mataban! ¡Si usted no es capaz ni de arrearle un lapito! Óigame a mí, guíese por mí. ¿Por qué se empeña en que Froilán sea un sabio?

—¡Hija mía... es el único varón de la casa! Solo de él podéis esperar alguna protección cuando yo muera. No hay más recurso sino que estudie, que siga una carrera con lucimiento, y hoy o mañana podrá seros útil... ¡Acaso ampararos a todas!

—Pero, papaíño —respondió Feíta cruzando las manos y acentuando más la expresiva mirada de sus ojos y la firmeza singular de su cara infantil—, si Dios ha querido que el único varón de la casa sea un desaplicado y un bodoque... no nos vamos a reponer contra Dios. Es un dolor que esté usted derrochando dinero y paciencia con Froilán. Lo que gasta usted con él en matrículas y libros, ¿por qué no lo gasta conmigo? Yo tengo muy buena memoria. Con una vez que lea las lecciones, lo más dos, se me quedan. ¿Y qué piensa usted? entiendo lo que leo; me gusta muchísimo... Me trago el libro de texto, y no crea usted, también otros que no son de texto y... que... me los prestan. Sobrado me envió dos novelas de Víctor Hugo; Moragas me trajo obras de Camilo Flammarion...; hasta don Tomás Llanes me regaló unos novelones muy disparatados de ladrones y de moros. ¿Qué se había usted figurado? ¿Que soy una burra? Pues no hay tal. Me ha entrado un flus de leer... Leería toda la biblioteca del Puerto de un tirón. Hasta me zampo los libros de Argos divina, la Filotea, los escritos de Santa Teresa y los del Padre Faber... Si ya sé mucho: sé más de lo que parece. Haga usted un cambio: Froilán que vigile al ama y registre la cesta de la criada cuando vuelve de la compra, y yo iré al instituto en lugar de Froilán. Verá usted como los dos quedamos bailando de contentos.

Era tan cómica la proposición de aquel diablejo, que tuvo la virtud de hacerme olvidar por un instante mis penalidades y zozobras y de hacerme soltar una carcajada.

—Mira, Marisabidilla, tú dices que tus hermanas están de remate... Pues lo que es a ti... te voy a mandar al manicomio ahora mismo. Si te pillo en esas lecturas de autores malos, que te enseñan lo que no te importa, tengo energía... ¡ah, para eso sí que la tengo! Quemo el librote..., a ver si te prestan otro. ¿Pues no quiere estudiar en vez de su hermano? ¿Y para qué, si puede saberse?

—Para graduarme de bachillera.

—¡Magnífico! ¿Y después de graduarte? ¡Ya lo eres!

—Para seguir carrera mayor.

—¡Divino! ¿Y después?

—Para tener un título en forma...

—¡Ya! ¡Caramba! ¿Y luego?

—Para ejercer una profesión... la que sea... y ganar cuartos... y fama... vivir de mi ciencia y de mi trabajo... como había de vivir Froilán, si no fuese un camueso.

La risa me salía a borbotones por las ventanas de la nariz, por la apretada boca que espurriaba saliva, por los hijares convulsos. Me retorcía en el sillón.

—¡Chiquilla... delicioso! Vales cuanto pesas, te lo aseguro... Ven acá, te voy a plantar un beso... porque no quiero plantarte una azotaina.

La acaricié como a un niño chiquito, y proseguí:

—Muy bien. ¿Conque estudiar y ejercer una profesión? ¿No sabes que las mujeres no pueden? Te vestiremos de hombre...

—Sí pueden —respondió con gran aplomo—. ¿Usted cree que yo no he preguntado? Cuando quiero saber una cosa... se la pregunto hasta a las lápidas de seguros mutuos y a los guardacantones. He charlado largo y tendido con el señor de Moragas. Puedo estudiar las asignaturas en el Instituto, en la Universidad o en mi casa; examinarme como alumno oficial, o como alumno libre. Y si sigo la carrera de medicina, puedo ejercerla; hay señoritas que la ejercen. Además, con el tiempo, ya nos permitirán que ejerzamos otras profesiones. ¿Por qué se ríe así? ¿Tengo en la cara una danza de monos?

—En la cara no... Tienes en la cabeza una olla de grillos. ¿Qué quieres: que esté serio cuando ensartas despropósitos?

—Sí señor... Yo bien seria estoy. No es cosa de risa.

—Es que si no riese, te remangaría las faldas... y ¡pum!

—¿Por qué? ¡Me va a decir por qué!

—Vamos, vamos, juicio... Mete esa cabeza en agua fresca, y que se te quite la fiebre. Como yo vuelva a oírte barbarizar... Hija mía. Dios hizo a la mujer para la familia, para la maternidad, para la sumisión, para las labores propias de su sexo... ¡de su sexo! No lo olvides nunca, y que nadie tenga que recordártelo, o serás la criatura más antipática, más ridícula y más despreciable del mundo: un marimacho; ¡puh! La mujer a zurcir medias... no se ha visto no se verá nunca que truequen los papeles a no ser en San Balandrán.

—Pues sí señor que se ha visto —respondió con brío la muñeca, reprimiendo trabajosamente una lagrimilla de rabia—. Porque mamá le mandaba a usted y usted obedecía a mamá lo mismo que un borrego. ¿Y sabe en qué consistía? En que mamá tuvo más disposición para el mando que usted. Cada quisque debe hacer aquello para que tiene disposición. ¿Dios me da a mí talento para estudiar? Estudio. ¿Dios le dio a Froilán disposición para jugar a la billarda y tirar piedras? Que juegue y que las tire. ¡Y vamos! es una picardía muy gorda eso de que las mujeres, cuando sirven para esto o para aquello... hagan precisamente lo otro y lo de más allá. Yo sé barrer y coser y cuidar de una casa, y sé criar un chiquillo, como crié a las gatas monas... pero me gusta estudiar, y estudiaré. ¡Solo faltaba! Aquí todo el mundo se pronuncia para hacer disparates... Pues me pronuncio yo para hacer una cosa justa y buena. Quiero estudiar, aprender, saber, y valerme el día de mañana sin necesitar de nadie. Yo no he de estar dependiendo de un hombre. Me lo ganaré, y me burlaré de todos ellos.

Todavía prevaleció en mí la risa contra el enojo, y seguí echando a broma la estrambótica resolución de Feíta, que ni era posible que pasase a mayores ni debía en buena ley considerarse más que como una genialidad cómica. Sin embargo, me contrariaba su insubordinación, porque repitió con entereza que estaba decidida a no auxiliarme en lo referente a las lecciones de Froilancito ni en el gobierno de la casa.

—No, papá, no me meto más en eso, se acabó —decía con insistencia en que ya se advertía la tenacidad de la mujercita formada, y el desarrollo repentino de un carácter—. Atenderé a las gatiñas, sobre todo ahora que doña Milagros no las atiende; las atenderé, porque las quiero mucho y me dan lástima; no bajaré a casa de Llanes, ya que usted lo prohíbe... pero en cosas de mis hermanas mayores no me mezclo: no y no. Papá, para disponer hay que tener mando, y para tener mando hay que tener autoridad; yo no la tengo; soy una chiquilla; y usted no está para guardarme las espaldas, porque su genio de usted es... así... ¡ya se sabe! Froilán se me repone; y las otras... ¿Vio cómo pegaba Tula en la mesa una noche? Pues mire... ayer.

Desabrochó el puñito del delantal-blusa, y subió la manga, enseñando un cardenal, o por mejor decir, una magulladura profunda más arriba del codo.

—Esto fue que ayer Tula quería arañarme, porque la amenacé con contar a usted lo del cojo si le seguía escribiendo papelitos... Saqué uñas para uñas, y nos peleamos; yo la eché contra la pared, y ella me arreó piñas en la cabeza y luego en el brazo: parecía un basilisco... Papá, bien debe usted conocer que no es para mí el gobernar la casa. Si me da un duro, me lo despabilarán en sus caprichos antes de que yo pague con él la cuenta. ¡Gracias! Mejor lidio con las presas de la cárcel que con mis hermanitas.

Me contrarió sobremanera la actitud de la muchacha. ¿De modo que ya —sobre faltarme doña Milagros, la dulce confidente— me abandonaba el diablejo, el marimacho angelical, la activa organizadora, mi sostén de los primeros días?

Aquella tarde Rosa vino a decirme que «estaba desnuda», que iba a aliviar el luto, y que ella y sus hermanas necesitaban ropa «como el pan»; y Argos, si no pidió moños, ni cosa que lo valiese me causó mayor disgusto: desapareció de casa a eso de las tres, aunque salí escapado a buscarla, no la encontré en la iglesia ni en parte alguna. A las ocho dadas regresó, con los ojos extraviados, demudado el rostro, la respiración congojosa; la oímos que se dejaba caer en la cama, sin desnudarse, suspirando hondamente. Salí; compré un candado; lo mandé colocar en la puerta, y me tomé el trapajo de ir a abrirlo cada vez que era preciso salir o entrar. ¡Qué infierno!

XVI

Es el caso que, desde el mismo instante en que me decidí a poner el candado, cesó de hacer falta.

Argos, al día siguiente de su escapatoria y de mi larga e inexplicable ausencia, fue acometida a la madrugada de violenta convulsión, lo cual al pronto no nos alarmó extremadamente, porque la habíamos visto muchas veces de aquel modo. Aplicamos los remedios conocidos, pero nos preocupó que a la excitación sucediese una especie de estupor letárgico. Dispuse que avisasen a Moragas, y criada volvió diciendo que el doctor había salido la víspera, llamado precipitadamente, para un enfermo de mucho peligro, al pueblecillo de Roblas, célebre por sus aguas minerales. Roblas dista cuatro leguas de Marineda; no había que pensar en Moragas, opté porque buscasen al facultativo que viviese más cerca y más a mano estuviese. Y por convenir sus señas con estas, accedió don Dióscoro Napelo, viejo y rutinario practicón, de los del tipo clásico, que no han abierto en su vida una revista francesa ni alemana y mantienen cierta saludable prevención contra los remedios modernos, y un entrañable amor a las fórmulas que aplicaron en sus juventudes. Como quien cierra los ojos y se entrega en brazos de la suerte, introduje al buen señor en el cuarto de mi desgraciada hija, a la cual rodeaban sus hermanas, locas de miedo, pues la creían expirante.

Ordenó don Dióscoro que saliesen las muchachas y se inclinó sobre la enferma, a quien habían depositado encima de la cama, vestida con la holgada bata de estameña —el triste hábito, semejante a un sayal—. Tenía el rostro muy rubicundo, los párpados hinchados y entreabiertos, empañado el brillo de los ojos, turgentes los labios, y la lengua asomando entre los dientes, cual si no cupiese en la boca. Empecé a llamarla a gritos, con ansia amorosa y lastimeras voces; sin duda me oía, pues al repetir yo su nombre se esforzaba en pestañear, pero al punto volvía a quedarme inmóvil. Era su respiración frecuente, luctuosa o entrecortada, y sus pies desnudos estaban helados y cárdenos. Por orden del señor de Napelo traté de desviar con el rabo de una cuchara sus apretados dientes y hacerla tragar un poco de agua y éter, pero el líquido se deslizaba sin acción rebozaba por las comisuras de los labios. La pellizqué, la apreté la muñeca, y permaneció insensible. Sus pulsos no se descubrían en parte alguna; solo sobre el corazón parecía advertirse un oscuro diástole.

—¡Está muy grave! —grité detrás del señor Napelo cuando este apoyaba su mano bajo el seno izquierdo de la enferma—. ¡Se me muere!

—¡Ya verá usted cómo no! —respondió el viejo, en tono afirmativo e imperioso—. Me atrevo a responder... y si el señor Moragas, a su regreso, critica las medidas adoptadas por este modestísimo compañero... ¡dígale usted que yo no sé curar por la nueva! A mis aforismos me atengo. Ubi stimulus, ibi afluxus. Venga una palangana... trapos de lienzo... Envíe usted a la farmacia, inmediatamente, por vejigatorios y cáusticos de los más enérgicos... Y todo volando, volando... porque ya conozco este mal, y otra vez que lo asistí en una señora de más edad que su hija de usted, hice traer, con los medicamentos, ¡la Santa Extremaunción!

Puede calcularse cómo estaría en tales momentos mi casa. Dábamos vueltas sin entendernos, unos buscando las camisas viejas para hacer vendas y trapos, otros disponiéndose a asaltar la botica, esta trayendo, en vez de palangana, una ensaladera, la otra llorando con hipo angustioso en un rincón. Mis manos trémulas sostuvieron la palangana; el viejo sacaba ya de una carterilla de zapa la lanceta, cuyo acerado brillo me hizo daño a los ojos. Crucificada por dos vejigatorios en la espina y el vientre, envueltas en sinapismos las plantas de los pies, Argos continuaba sin dar más señal de vida que la fatigosa y entrecortada respiración. Don Dióscoro se acercó; alzó la floja manga del saco, y quedó descubierto un brazo inerte y marmóreo; con rápido movimiento practicó la incisión en la vena, y al pronto no corrió la sangre; por fin rezumaron gotas negruzcas. Sentí que no podía resistir tal espectáculo, y a punto estuve de caer al suelo. Feíta, de pie detrás de mí, me arrebató la palangana de las manos, diciéndome:

—Salga un poco, que se le ha puesto muy mal color... Yo basto... Clara me ayuda.

Salí en efecto, y abatidísimo me dejé caer en un sofá. No sé cuánto tiempo transcurriría así, porque el dolor a veces tiene la virtud del placer: hace insensible el curso del tiempo. Oía el ir y venir azorado de mis hijas; notaba alrededor mío esa trepidación peculiar de los instantes en que se lucha con la muerte, y vi pasar a Clara llevando en las manos un frasco oblongo de cristal. La llamé; pregunté alarmado qué era aquello; y la futura monja, sin responder, lo colocó sobre la mesa. Al trasluz del agua turbia, vi una cosa horrible: un enjambre de delgados y enroscados viboreznos, de piel verde esmeralda con manchas sombrías, se agitaba adhiriéndose a las paredes del frasco. Escuálidas ahora como lombrices, dentro de poco aquellas fieras estarían hechas una boytarga asquerosa, digiriendo la sangre de las venas de mi hija...

—Ha costado —exclamó Tula excitadísima, acercándose a la mesa— Dios y ayuda el encontrarlas. Ya no hay sanguijuelas más que en la barbería de Redondo. El hijo es el que las proporciona, ¿no sabe usted? ese muchacho pintor que decoró las casas de don Juan Achinado... Dice que por casualidad tenían una docena... Ha sido tan atento que las trajo él mismo.

Al punto se entreabrió suavemente la puerta de la sala, y un mozo moreno aceitunado, patilludo, ojinegro, rechoncho ya a pesar de sus pocos años, que no pasarían de veintiséis, murmuró obsequiosamente:

—Don Benicio, dice papá que si hacen falta más... que aún podrá buscarlas por ahí.

—Dios se lo pague —respondí dolorosamente—: estimo el favor, y agradeceré que vengan pronto.

—Pues volveré con ellas —indicó el pintor, desapareciendo por el foro.

Jamás he podido comprender —reflexionando después sobre el método antiflogístico que con Argos se puso en práctica— cómo a la pobrecilla le quedó en el cuerpo gota de licor vital. Para abreviar el relato de sus tormentos, diré que la administró el valiente discípulo de Broussais nada menos de cinco sangrías, sustrayéndola más de diez onzas de sangre; y a la vez la aplicó al plano alto de los muslos veinticuatro rabiosas sanguijuelas —pues la segunda docena la trajo luego, y muy solícito, el hijo de Redondo—. Yo no conozco tus arcanos, ¡oh arte de curar!; yo no soy el llamado a decidir entre dos siglos médicos armados el uno contra el otro; yo respeto profundamente la ciencia, y la sabiduría, y los adelantos, y los descubrimientos, gloria de las eminencias contemporáneas; yo no descreo del progreso, ni es mi ánimo retroceder a los ominosos tiempos en que era peor, o sea más temible, el remedio que la enfermedad; pero yo debo también atribuir a cada cual lo suyo, y proclamar a la faz del mundo entero que con su lanceta y sus anélidos verdes, mi don Dióscoro Napelo sacó a flote a la moribunda Argos.

A las dos primeras sangrías, se calentaron un poco las manos y los pies de la muchacha. A la tercera, en vez de sangre negra y semicoagulada, empezó a brotar un caño rojo y vivo. La piel se humedeció ligeramente y la temperatura fue menos cadavérica. Y por último, cuando el señor de Napelo, tomando una plumita de gallina empapada en tintura de asafétida, la introdujo en las fosas nasales de la paciente para provocar un estornudo salvador, la muchacha no estornudó, pero empezó a moverse y a quejarse con expresiones interrumpidas y balbucientes, que indicaban el trastorno de las facultades cerebrales. Enseguida aparecieron sus pulsos, aunque muy lentos, profundos e irregulares, y por instantes fue vitalizándose su rostro. La dimos unas cucharadas de caldo y las tragó bien; poco después —a la tarde— el pulso latía con libertad y blandura, y aunque la calentura fuese alta e intensa, viose claramente que estaba conjurado el inminente peligro.

El practicón me lo advirtió con una sonrisa confidencial y en términos sencillos y llanos. «Animarse, que ya pasó lo peor. Ahora no es nada. Habrá que alimentarla bien: cosas muy nutritivas y muy tónicas, porque va a quedarse debilísima, y la suma debilidad no nos conviene tampoco. En fin, esto correrá de cuenta de don Pelayo Moragas... Y usted no se acoquine. Yo soy padre también... Desgracia y muy grande considero el tener hijas en un mundo tan ignorante, que está sobre poco más o menos a la altura de los tiempos en que Areteo de Capadocia diagnosticó por primera vez el mal que padece esta señorita, y que suele llamar histeria. El injusto mundo, señor don Benicio, hace a las doncellas responsables de este mal... cuando este mal es precisamente un certificado público de vida honesta y de pureza incólume, pues las mujeres que se entregan a desarreglos como el varón, apenas conocen tan terrible padecimiento. ¡Ah! —añadió el facultativo—. Por si acaso... las sanguijuelas que las estrujen, para que suelten lo que chuparon y puedan volver a servir».

Feíta se encargó de operación tan cruenta, y sus finos deditos estiraron el monstruoso cuerpo de las sanguijuelas llenas como odres. Echolas luego en agua clara a fin de que se avivasen y volviesen a sentir sed de sangre humana... Y como la enferma necesitaba reposo, yo cerré las maderas y me instalé en una sillita baja, velando su calenturiento sueño. Estaba a oscuras la habitación silenciosa e impregnada de olores farmacéuticos; y... ¡no ocultaré mi flojedad! reclinando la cabeza sobre la durísima esquina de la mesa de noche... me quedé dormido como una marmota. Era que indudablemente los disgustos, los sustos, las impresiones fuertes, las emociones, me habían rendido... Lo cierto es que me amodorré. Y cuando llevaba de siesta... no sé cuánto, tal vez un cuarto de hora, el ruido de una respiración agitada me despertó... No era de la enferma, sino otra que yo conocía bien, que había comparado mil veces al aleteo de la asustada paloma... Sí: allí estaba doña Milagros.

Me pareció su presencia cosa natural. En el momento de trasposición del sueño a la vigilia, ningún hecho nos sorprende: conservamos la credulidad del durmiente, que vuela sin alas, y en realidad, dentro del modo de ser de doña Milagros, no tenía nada de admirable el que se me presentara olvidando mis desprecios. Por otra parte, apenas tuve tiempo de reflexionar, porque la comandanta, poniendo un dedo sobre los labios, me hizo expresiva seña de que no debíamos hablar allí; después, con el mismo dedito, apuntó a la puerta, indicando que tenía que decirme algo de suma importancia.

Me levanté y de puntillas las seguí a la galería, que comunicaba con la sala y también con los dormitorios. Al salir a la luz cruda del Sol, reverberada por el mar y que caía a torrentes en el cierre de cristales, me impresionó advertir el cambio del rostro de la señora. La expresión de malicia infantil e ingenua, de bondad humorística y alegre franqueza derramada por sus facciones y rebosante de su boca y sus ojos, había desaparecido, siendo sustituida por una mezcla de angustia indecible y morboso abatimiento; sus párpados estaban hinchados, contraída su boca, y se veía que reprimía a duras penas las lágrimas que querían saltársele. Parecía como si de pronto la hubiesen echado encima diez años; entre el negro pelo, dos o tres canas, en que yo no había reparado nunca, brillando al Sol, aumentaron aquella impresión de madurez triste y dolorosa, de mujer sola y sin afecciones que la consuelen de la edad. Mi corazón se hizo papilla, se liquidó... aun antes de que ella exclamase:

—¡Ay don Benisio! Tenga compasión de esta infelis... No puedo ma; se me acaba la cuerda. En mi vía, desde la muerte de mi madre, recuerdo pena como la presente.

—¿Qué le sucede a usted, señora? —respondí esforzándome en conservar la dignidad de quien está cargado de razón.

—Me suceden varias cosas y toas muy gordas, muy gordísima; pero en particular me sucede que no me acostumbro a vivir sin ver a las gemeliyas y sin cuidarlas y sin besarlas. Como cada hijo de vesino tiene su cacho de dignidá, y no es una de palo ni de corcho, ni está acostumbrá a que la digan atrosidaes... yo... a la fuersa... en los primeros momentos... hise juramento solemne que ni volvería a pisá su casa de usté, ni a crusarle saludo. Porque mire usté que le he cogío yo ley a esta casa desde que les trato, y mire usté que en ella he recibío bofetás y coses en el arma... Pero soy de esta hechura y no de otra; soy de la condición de la hiedra, que se arrima y se agarra y se abrasa, y no se pue apartar ya del árbol sin secarse... Es una condición mala, detestable, y daría argo porque me fabricasen un corasón de metal muy nuevesito y muy reluciente, que fuese a modo de reló, ¿comprende usté? de esos que se les da cuerda, y ya están en marcha para un año, sin discrepar ni un segundo... Eso me hace a mi farta; el relojiyo, y no esta porquería de corasón de manteca, que se le sale el cariño por toos laos como harina por criba rota. Me vasté a desir por qué regla de tres estoy yo aguantando en esta casa desaires de ca cual, groserías de su mujé de usté (que en pas descanse) jetas torsías de su hija Tula, impertinencias de los criaos, y hasta de usté —de usté, santo varón— el chafo y el sonrojo de la Era cristiana. Yo tengo, gracia a Dio, con que vivir; en mi chosa no debía echar na de menos; mi marío, a su moo, me complace y me trata bien; solo me farta, como dijo el otro, sarna que rascá... y mire usted por donde diantre se me pone en el periquito del condenao corasón prendarme de ustés, pero sobre unos de las dos reina gitana... Y aquí estoy en disposición de tragarme las injurias y hasta de dar gracia por eya, con tal de que me consienta usté tener en bracos a los dos cachos de sielo. No crea usté; yo misma me río de mí misma, señó don Benisio. Si conosco mi tontera; si la conosco. Que esa niña ni son mía ni cosa que lo valga; que no me deben na, ni yo a eyas, ni a usté, ni ese es el camino... Corriente, enterá ¿Y qué le hago si me voy tras ellas lo propio que si me hubiesen salío de la entraña? ¿Qué le hago, si desde que me las privan no encuentro gusto para na? ¿Y si me consumo y me acabo? ¿Qué hago, a ver, dígamelo usted?

Me quedé perplejo. La no fingida aflicción de la señora, su desmejoramiento, la elocuencia desordenada con que expresaba aquel extraño amor maternal electivo por mis últimos retoños, me conmovían profundamente; pero creíame en el deber de resistir a tal emoción, y de llevar adelante mis propósitos de desvío y ruptura.

—Me aflije usted, doña Milagros —murmuré— y me aflije usted en momentos bien tristes de suyo, porque no debe usted de ignorar que la pobre Argos por poco se nos muere, y aún quién sabe lo que será de ella. Tengo demasiadas penas, doña Milagros, créame usted, y no venga a doblarme la carga pidiendo imposibles. No me obligue a dar razones de mi determinación, porque tampoco me agrada que usted pueda decir que la trato mal. Por Dios, no me agobie; comprenda que no podemos ser amigos como antes... y, retírese, se lo ruego.

—¿Retirarme? —exclamó ella briosamente, con cierto gracioso desgarro chulesco muy en armonía con su tipo físico—. No en mis días, hasta que usté se entere; porque está usté en Belén, hijo, en Belén, a consecuencia de haser caso de cuentos, enreos y chisme... Si en ves de creer a esos despellejaores viene usté a mí y me pregunta ¿Milagro, qué hay de esto y de lo otro? ¡mejor para usté y retemejor para mí! Pero usté se traga las bolas, se enfurruña, me echa con cajas destemplás... y aquí se ha enredao una madeja que el desenredarla va a costá sudore.

—Si no se explica usted más... —exclamé a mí vez.

—Allá voy... ¿No se trata de Visente?

Bajé los ojos y sentí que me encendía de vergüenza al oír aquel nombre que tantas vueltas venía dando en mi perturbada imaginación.

—De Visente... no tuersa usté la jeta, ¡mala persona!; de mi cortejo... ¿No dise usté que ese es mi cortejo? Vamo, dígamelo usté en mi cara, en mi misma cara... sin empacho. Pensarlo habrá sío lo feo; que desirlo...

—Doña Milagros... ¡por lo que más quiera! —murmuré—. Me está usted dando un rato muy cruel... y no lo necesito; crea usted que me gastan los disgustos de puertas adentro.

—No, no se sofoque usté, abaníquese, refrésquese... y a los demás, ¡que no parta un rayo! —prorrumpió la comandanta—. ¿Se cree usté que es el único a tragar quina? Pues toos tenemos nuestra alma en el almario... Pa no cansar, ¡porque está usté como un chiquiyo, Neira!, hasta el otro día que usté me dio aquel bofetón, yo mardito si pensé que a ningún alma negra se le podía pasá por la cabesa criticarme con el criao... Bajo con él y le digo que Visente se tiene que ir de mi casa; que se ha hecho muy insolentón y muy holgasán, y que no me conviene ni chispa...

—¿Eso es verdad? —grité con un gozo tal, que me temblaban las manos y el cuerpo todo.

—No, que e mentira —contestó remedándome.

—¿Y... ya se ha ido? —añadí, con la sonrisa que deben de tener los bienaventurados en el cielo.

—¡Irse! Allí está el hueso, el hueso malo de roer... No le da la gana al señorito, y Tomás es tan lerdo, que por má que le digo no acaba de plantarle... Tendré que cantar claro. Y canto. ¡No que no! Mal me conoce ese chaval si piensa que no he de ser a la postre franca con mi marío. Y a serlo con él, voy a serlo también con usté. Los despellejaores tenían media rasón. Visente se ha atrevío ¡el muy naranjo! a desirme que no se larga porque no puede viví sino a mi vera; que con eso se contenta; que nunca ha solisitao más... pero que si le quitan eso sin motivo arguno, la menor determinasión será pegar fuego a la casa; y de que arda y ardamos todos... verá lo que hase después.

Mi júbilo era tal, que me decidí a tomar una mano de la señora, y a pasarla por los húmedos ojos.

—¿Ve usted? —tartamudeaba—. ¿Ve usted como era cierto? ¿Ve usted como ese tunante la estaba a usted poniendo en ridículo? ¿Ve como?...

—¿Ve usté como yo la he tenido a usté por una sirvengüensa?

—No, eso no, doña Milagros; por Dios, no me diga usted eso, porque me mata... Perdón; se lo pido de rodillas si quiere... ¡Si usted supiese el daño que me hacía pensar mal de usted! Soy un necio, soy un malvado; pero perdóneme... ¡Diga que me perdona! Ahora mismo va usted a tener a las gemelitas todo el día en brazos... A ver, ama, Constanza, Feíta... que traigan a las pequeñas... ¡Si viese usted qué monas están! —proseguí, como si la señora no las hubiese visto en un año.

—Bien; pero ¿y el conflicto del bruto es, que quiere quemá la casa? —murmuró ella por lo bajo, antes de que entrasen las niñas.

—¡Bah! ¡Quemar! ¡Fanfarronadas... barbaridades para asustarla a usted a imponérsele! ¡Con la escoba le barre usted... y al día siguiente, a ver si hay en Marineda quien no hable de usted con el sombrero quitado!

XVII

A la salida de uno de los sermones cuaresmales en San Efrén, Zoe Martínez Orante, cruzando sobre el púdico seno las puntas del manto de granadina, rojo ya por el uso, le susurró a Regaladita Sanz (que iba como siempre muy atildada y peripuesta, de gabán de terciopelo negro y velo-toquilla bien prendido con agujones de azabache), la siguiente estupenda noticia:

—Se va el Padre Incienso.

La sorpresa de Regaladita fue tal, que a poco se la cae de las manos el Áncora de Salvación y el paraguas de bonito puño cincelado.

—¡Ay! ¡Virgen María! ¡Qué me dice usted! ¡Pero si en Marineda nadie sabe nada!

Una sonrisa de Zoe —sonrisa orgullosa que inmediatamente veló la humildad— pareció decir con significativa ironía:

—Necia, ¿no había de ser yo la primera a saberlo?

—¡Ay, Virgen! —repetía entre tanto Regaladita—. ¡Si me deja usted con un palmo de boca! ¿Es cosa resulta... segura?

Nueva sonrisita ambigua y desdeñosa de la Orante, que gozaba un placer divino al asombrar a la pulcra devota de los salones, siempre atrasada de noticias y siempre pronta a pasmarse por todo, como una simplaina que era.

—Ya, ya; cuando usted lo dice... —murmuró Regaladita— sabido lo tendrá. ¿Y... eso... es... por...?

—Claro que es por esa pícara, Dios me perdone —refunfuñó la bien informada, arrugando el gesto como si la obligasen a beber una copa de vinagre de yema.

—¡Pobrecita! —suspiró tiernamente la Sanz, en quien solían encontrar dulce indulgencia las flaquezas amorosas.

—¡Sí, sí, compadézcala usted! —respondió con bilis la del manto rojizo.

—Como ha estado tan mala, y todavía ni sale de casa ni levanta cabeza...

—¡Ay hija, qué bondad la de usted! Mala habrá sido, para que la visitase el Padre después del sofión y las despachaderas que la dio la última tarde que vino a intentar confesarse con él. Demasiado lo oyó usted y lo oímos todas, cuando la dijo con aquella voz... aquella voz suya... ¡Ya sabe usted! ¡la voz de cuando se enfada de veras! ¡que había dejado de ser su confesor y, que ya no tenían nada que hablar, ni a qué cruzar palabra! A mí nadie me quita de la cabeza que al día siguiente fingió ella la enfermedad para que se ablandase el Padre.

—¡Ay, Corazón de Jesús! No diga usted eso, Zoe, que hasta es pecado... Mire usted que yo sé por la planchadora de la marquesa de Veniales —que la asiste precisamente Napelo, el mismo que vio a la chica por no encontrarse en el pueblo Moragas— que la dieron un horror de sangrías y la aplicaron una infinidad de sanguijuelas... Se puso a morir, con un susto gravísimo.

—Mire usted, ¡estoy por decir que más valdría!... siempre que la cogiese en buena disposición.

—Vamos, hija... eso es fuertecito. Hay que tener caridad. Todos somos pecadores... aunque no tanto, no tanto; digo, al menos yo.

—Ello es que el Padre se nos va —insistió la Orante con acento agorero y fúnebre— por causa de esa mocosa perversa...

—Sí, es lástima que nos quedemos sin el Padre; no nos vamos a acostumbrar, pero... ¿qué se ha de hacer, Zoe? Los Padres Jesuitas, ya sabe usted que siempre andan así, de un lado para otro... Es su instituto. Siento que nos le quiten, porque vale muchísimo el Padre. Qué cosas tan poéticas dijo hoy de la gracia, comparándola a... fuente límpida, ¿de qué?...

—De cristalinas linfas celestiales... Otro así no vuelve por acá, Regaladita. Le digo a usted que no. ¡Si no incurre en la... en la debilidad de confesar polluelas!

—¿Y qué va a suceder si se entera de la marcha del Padre la convaleciente? Hay que encargar que no se lo digan...

—¡Al contrario! —bufó la Orante con saña—. ¡Que comprenda la desgracia que ha causado por casquivana y loca! Cuando llegó a mis oídos que se ausentaba el jesuita, me impresionó más aún que a la indignada Zoe. ¡Noticia humillante! La retirada del buen religioso se debía exclusivamente a mi falta de energía para reprimir las insensateces de Argos. El Padre no podía hacer otra cosa sino apelar a la fuga. Su política tenía necesariamente que ser la del poeta monje:

«Si prendiere la capa
huye; que solo aquel que huye escapa».

Huir, no ya de la tentación, de antemano vencida, sino del escándalo, de la calumnia y de la mofa, es lo único que le restaba a aquel varón prudente y sabio —en vista de mi autoridad paterna era vano hombre—. ¡Qué mengua! ¡Qué idea tan triste llevaría el sacerdote de mí! ¿Y qué iba a ser de mi pobre hija? Dios sabe a qué extremos la arrastraría su funesta obcecación. Dios sabe si la amenazaba una recaída mortal.

Convaleciente, muy débil aún, Argos empezaba a levantarse y a andar un poco por la casa, apoyada en el brazo de alguna de sus hermanas o en el mío. A su edad la naturaleza repone pronto lo gastado; pero Argos había perdido tanta sangre, que su mate palidez se transformaba en amarillez transparente de cera. En cambio sus ojos magníficos lucían como nunca y el sufrimiento y la demacración aumentaban el carácter expresivo de su fisonomía. Lo que empecé a notar con asombro, al poco tiempo, fue su cambio moral. Con la sangre sustraída, parecía haberla sacado también la lanceta del médico parte del alma, el punto donde radicaban sus antiguas manías y delirios. La lanceta y los viboreznos chipones, habían sorbido las calenturas místicas y románticas de Argos. Ni hablaba de ir a la iglesia, ni intentaba practicar devociones, ni velar, ni ayunar, ni enfrascarse en lecturas espirituales, ni dar una puntada en el manto de San José; ni siquiera notó que pasaban domingos y días de fiesta y que no asistía a la misa de precepto. No cabía duda: una crisis profunda modificaba su ser. Hasta llegué a persuadirme de que había perdido la memoria de sus sentimientos anteriores.

Una tarde, a la hora reglamentaria de las visitas en Marineda, se nos presentó en casa Regaladita Sanz, de veinticinco alfileres, alegando como pretexto que deseaba ver a Argos y felicitarla por el restablecimiento de su salud. Sin embargo, no tardé en comprender que a lo que venía la devota era a dar la noticia de la marcha del Padre; y lo hizo con remilgos de gata casera y mimosa, y con suavidades de enfermera de amor y casamentera asidua, acostumbrada tocar sin irritarlas las llagas de los corazones. Pero, ¡oh chasco! ¡oh curiosidad defraudada! Al oír el nombre del Padre Incienso, mi hija ni pestañeó; y al escuchar que partía de Marineda tal vez para siempre, y que acaso le destinasen a las misiones del Asia, la única señal de pena que dio, fueron estas palabras cuerdas, naturales y sencillas:

—¡Ay! ¡Qué contrariedad tan grande! ¡Lo que lo va a sentir Zoe! ¡Y Paciencita Borreguero, que dice que solo el Padre la entendía! ¡Yo lo siento también mucho, mucho! Dígaselo usted papá, si le ve antes que se vaya.

Ni una sílaba más, ni sombra de alteración en el hermoso y descolorido semblante. Entonces fue cuando me convencí de que mi hija había perdido el hilo de lo pasado. Es imposible fingir así, y ya sabíamos que Argos no descollaba en el disimulo ni en el arte de reprimir sus fogosas sensaciones. No era, no, fingimiento; era que las sanguijuelas, con sus bocas de ventosa viva, la habían extraído de las venas el maldito, el reprobado, el insensato amor. La negra sangre que los dedos de Feíta hicieron escurrir de los abotargados cuerpos de aquellos bichos asquerosos, era ni más ni menos que la nefanda pasión de su infeliz hermana. No en balde suele decirse, cuando un afecto nos subyuga, que lo llevamos en la masa de la sangre. ¡Benditas sanguijuelas! Sentí habérselas restituido al pintorcejo, a quien desde entonces solía encontrarme muy a menudo en la antesala o en la escalera, y a quien siempre saludaba con simpatía y gratitud.

Entre tanto el Padre Incienso dejaba a Marineda y se iba lejos, muy lejos, tal vez con la perspectiva de convertir salvajes en remotas comarcas, de clima insalubre, países donde en los pantanos derraman en el aire la fiebre y el Sol abrasa las carnes del misionero; huía expiando faltas que no había cometido, evitando peligros que no existían ya, males que la sabia naturaleza había conjurado y desvanecido con su hálito puro. No de otra suerte, ganada ya la batalla, el soldado que no oyó el toque de alto el fuego sigue batiéndose hasta morir.

Por momentos, Argos se restablecía físicamente también, y, ¡oh vista deliciosa para mis paternales ojos!, renacía en ella la natural afición de las muchachas a acicalarse y componerse. Empezó por demostrar vivo deseo de sustituir con ropa más propia de su edad y estado el informe y feo sayo del hábito del Carmen; y como las demás niñas creían llegada la ocasión de cambiar el luto riguroso por el medio alivio, la casa se convirtió en taller de modista, y todas prepararon galas para salir los días de Semana Santa a los Oficios y a la visita de Estaciones. Doña Milagros nos transmitió el convite de la Generala, comisionada por la Hermana mayor de la Cofradía a fin organizar la procesión de la Soledad, para que mis hijas fuesen alumbrando; y con tal motivo, la generosa andaluza sacó a relucir una completa colección de mantillas de blonda y casco y regaló una a Tula, otra a María Rosa, y la mejor, que era larguísima, a la convaleciente. En vano quise oponerme a tal rasgo de munificencia; me desarmó la alegría de las muchachas, que no cesaban de probar y volver a probar el suntuoso regalo ante el espejo. Clara fue la única que, con su buen sentido práctico acostumbrado, exigió que no la hiciésemos traje, puesto que en mayo, a más tardar, empezaría su noviciado en las Benedictinas.

Cuando el enjambre juvenil se echó a la calle a visitar iglesias, luciendo los trajes majos, de seda negra arrasada, profusamente adornados con cintas, y las mantillas sujetas con unos alfileres de piedras antiguas que habían pertenecido a mi Ilduara, produjo sensación. Halagüeños murmullos de los hombres apostados a la puerta de San Efrén, donde se celebraban los Oficios, saludaron el paso de la gentil cohorte. Un grupo donde se destacaban Baltasar Sobrado, el Abad, Primo Cova, el Jefe de Estado mayor, el Gobernador civil y el hijo de la marquesa de Veniales, exageró las demostraciones de entusiasmo al paso de las muchachas. A la luz del Sol, no cabía duda, el triunfo era para Rosa. La frescura deslumbradora de su tez, la gallardía de su talle, la plenitud esbelta de sus formas, la alegría de su cara, el carmín de su boca, la graciosa disposición de su pelo castaño y rizo, el donaire de su andar, hacían de ella una hermosura indiscutible. Parecía efectivamente una rosa sembrada de rocío, o, por mejor decir, era la primavera misma que pasaba dejando un rastro de aromas, armonía y luz. Pero aquella noche, en la procesión de la Soledad, tornó su desquite Argos divina.

Ya he dicho que tal vez el síntoma más claro del restablecimiento moral de mi hija, era la reaparición del instinto de agradar, que casi todos los seres animados sienten en el período de los amores y que en la mujer ha sido desarrollado y reforzado por la educación desde la cuna. Argos había vuelto a mirarse al espejo; Argos ya consagraba largas horas a la magna tarea de desenredar, limpiar y atusar su cabellera; pesada y abundosa y al escoger el atavío con que debía presentarse en público, demostró un interés que me parecería increíble dos meses antes. Asociada con Rosa, consultó figurines, examinó patrones, revolvió muestrarios de flecos y adornos, y al fin se decidió, eligiendo, con el gusto delicado y artístico que solía probar citando se fijaba en cuestiones de modas, una forma sencilla lisa, rasa —hechura princesa—, según dijeron.

La noche del Viernes Santo, poco antes de la hora en que debían reunirse en la sacristía de San Efrén para formar luego el séquito de la Virgen, mis hijas mayores, ayudadas por la solícita comandanta y por las menores, que no cesaban de admirar los estrenos, daban la última mano a su tocado y se contemplaban por turno en espejo que coronaba la consola, sobre la cual habían encendido las bujías de dos candelabros. Dijérase que se preparaban para un baile, cuando realmente iban a acompañar en mi soledad a la Madre del dolor. Lucían los vestidos de seda, y en su cabeza y sobre sus hombros, la clásica mantilla derramaba negras espumas. A todos nos pareció que Rosa estaba, si cabe, más linda que por la mañana; a Argos, en cambio, la encontramos demasiado pálida, y con los ojos tan excesivamente grandes, que se le comían la cara al alumbrarla como diamantes oscuros. Así que se abrocharon los guantes, se enroscaron el rosario en la muñeca, y deslizaron entre la blonda, al lado izquierdo, un ramito chico de violetas tardías, se puso en marcha el escuadrón, capitaneado por doña Milagros, también vestida lujosamente, de un brocado «que se tenía de pie».

Los que quedábamos en casa apagamos todas las luces, echamos la llave, nos bajamos al piso de doña Milagros, y ocupamos inmediatamente las ventanas, a fin de que pasase la procesión sin que la viésemos. Porque a diferencia de las demás procesiones, que se anuncian con estruendo sonoro de músicas militares, redobles de tambor y choque de herrados cascos de caballos sobre las anchas losas del pavimento, esta de la Soledad va tan muda, en silencio tan profundo, que el pueblo la ha bautizado con el expresivo nombre de procesión de los calladitos. Diríase que un tierno respeto a la desolación y al abandono de la Virgen, un recelo de turbar mi triste ensimismamiento, han presidido a la idea de esta procesión bella y singular, que es —a su manera— obra de arte.

Abrimos las vidrieras. Tibio céfiro de abril abanicaba dulcemente las cortinas: la noche había cerrado por completo; en el cielo despejado y alto, las estrellas titilaban, la gente se agolpaba ya en la plaza, y en la bocacalle más próxima, la del Canal, se arremolinaba un grupo de hombres, figuras conocidas —el elemento joven y galán de la población—. Era la presencia de este grupo señal infalible de que la procesión se aproximaba, pues los caballeretes que lo componían se las ingeniaban siempre para situarse en las bocacalles, esperando el desfile de las devotas que alumbran a la Virgen, con objeto de decirlas al oído, o como se pudiese, todo lo que sugiere a un español, en una noche de primavera, la vista de mujeres jóvenes, bien parecidas, graves, serias, de negro, con mantilla y un cirio en la mano.

La procesión, formada en la iglesia de San Efrén y habiendo dado la vuelta a la Capitanía general, bajaba ya la cuesta del marisco, y un susurro de la gente mirona anunciaba que se la sentía venir, que llegaba. En efecto, no tardamos en divisar las movedizas líneas paralelas de las luces de los cirios. La doble hilera de mujeres —porque en la procesión de la Soledad no alumbra ningún hombre— avanzaba despacio, solemnemente, con acompasado y rítmico andar. Venían las primeras las hermanas de las cofradías de los Dolores, la Soledad y la Orden Tercera: gente humilde y artesana, llena de fe, vestida de hábito o de lana gruesa, con el escapulario muy a la vista, descollando sobre la espalda y el pecho. A estas devotas —entre las cuales se contaban muchas encorvadas vejezuelas, muchas mozas de rostro feo y vulgar— los grupos de las bocacalles nada las decían, o las despachaban con burletas irónicas y mordaces, con ronquidos de fingida codicia voluptuosa. El tiroteo empezaba al primer traje de seda, a la primer mantilla garbosamente prendida y llevada. Estas se habían replegado a retaguardia, muy cerca de la Virgen y alrededor de la Generala, que presidía la procesión; y eran todas o casi todas las señoras de algún viso de Marineda, las que no tenían el marido republicano intransigente y poseían un pinto de gro y un rebozo de encaje. Fantástica impresión producía el verlas avanzar sosteniendo el cirio con la mano enguantada, y divisar los rostros iluminados por aquella luz intermitente, que arrancaba a veces mi destello al broche de diamantes con que se sujetaba la mantilla o descubría de improviso la blancura de una garganta, el rosicler de una boca, el coquetón y estrecho calzado que aprisionaba un pie diminuto.

Ya, a lo lejos, erguida en el aire, oscilando ligeramente —no más de lo preciso para dar a su misteriosa figura apariencia de vida real—, se divisaba la venerada efigie, la Virgen del Dolor. Luengos lutos negros, arrastrando y rebosando de las andas, envolvían a la Madre de Cristo. Una sola espada, aguda y reluciente, se hincaba en su afligido corazón. Sobre el pecho se cruzaban sus manos delicadas y amarillas, como reprimiendo la ola de lágrimas que quería desbordarse. Era conmovedora aquella imagen pobremente vestida, sin adornos, sin bordados, sin joyas, sin más que dos gotas de llanto que al desprenderse de los ojos brillaban sobre la surcada mejilla. El silencio absoluto hacía más extraña la aparición, más temerosa la doble fila de enlutadas mujeres por cima las cuales se cernía otra mujer, llorando, con el corazón partido. Sin duda el efecto de la procesión consistía en que mientras las mujeres vivas, por su mutismo y su compostura, parecían imágenes, la imagen, vestida como las que la escoltaban, parecía mujer de carne y hueso.

Baboso a fuer de papá, lo que yo miraba de la procesión eran mis hijas. Al fin las divisé: me las anunció un rumor de muchedumbre, un anhelante y tempestuoso arrechucho de los hombres apostados en las bocacalles. Creí al pronto que la marejada la causaba Rosa, que en verdad venía hermosísima, con su traje de seda de volantitos, su corpiño de terciopelo negro, y su mantilla de casco, de terciopelo picado también. Poco tardé en notar que a quien aclamaban, digámoslo así, no era a Rosa, sino a Argos que la seguía. Yo mismo no pude reprimir una exclamación de sorpresa. Argos era la viva reproducción, la copia fiel, pero animada, pestañeando, de la efigie de la Soledad.

Con su traje liso; cubierta la cabeza por la mantilla larguísima, casi sin prender y que descendía hasta el borde de la falda de cola; blanca como el cirio que empuñaba, y con los incomparables ojos, no bajos, sino alzados hacia la Virgen, Argos tenía en su belleza ese tinte sobrehumano que da la expresión, y que es resplandor de alma, triunfadora del color, de las líneas, del elemento plástico en suma. Siempre habíamos advertido en Argos notable semejanza con las esculturas religiosas; pero en aquel momento, envuelta en la blonda pesada y castiza que sobre sus hombros y alrededor de su talle formaba estatuarios pliegues, con la diadema de sobra del cabello que encuadraba su rostro afinado por la anemia, dificultó que pudiese artista alguno encontrar modelo más admirable para una de esas caras en que el transporte místico sublima la humana aflicción. En el teatro, representando un drama, con aquella actitud y aquel rostro. Argos hubiese arrebatado a los espectadores, en la procesión arrebataba a la gente, no solo a los grupos de señoritos, sino a la muchedumbre, al pueblo apiñado para verla, y que la saludaba con frases de entusiasmo, con requiebros en alta voz, francos, brutales.

—¡Ahí va lo bueno!

—Nunca Dios me diera, ¡qué señorita!

—¡Qué cara de cera!

—¡Parece propiamente la Virgen!

—¡Vaya unos ojos! Alumbran más ellos que las velas de esas beatonas mandilonas.

—¡Esta sí que es moza, esta sí!

—Hay que rezarle —exclamó un marinero.

—Podía ir en las andas figurando a Nuestra señora —recalcaba una cigarrera.

Bajo este diluvio de piropos, Argos caminaba indiferente al parecer. Se podría jurar que no escuchaba. Y sin embargo, no perdía mi acento, ni una sílaba. Bebía calladamente la admiración, y su alma se impregnaba de ella como se impregna la piel de un perfume insidioso y grato. Al llegar a casa, antes de quitarse la mantilla, volvió a mirarse al espejo; se contempló mucho tiempo, un cuarto de hora, reprimiendo la sonrisa que intentaba asomar...

Al otro día, Sábado de Gloria, aún no bien se echaron a vuelo las campanas, la que yo temía sepultada otra vez en delirios místicos corrió al piano, levantó impetuosamente la tapa, hizo vibrar el teclado con acordes lánguidos y melodiosos, y soltando su voz de contralto, timbrada por la pasión, entonó la profanísima serenata de Gounod, Víctor Hugo. ¡Cómo cantaba! ¡Qué manera de acentuar ciertos pasajes; qué fuego, qué arrullos! ¡Aleluya! ¡La mujer ha resucitado!... ¿Será para bien? ¡Argos, Argos divina! Volcán en ignición, veleta siempre sacudida por desencadenados vientos... ¡Dios te tenga de su mano!

XVIII

¡Imborrable recuerdo el que me dejaste, procesión de la Soledad! Y no solo porque en ti resucitó mi María Ramona, sino porque señalas la fecha de acontecimientos graves y temibles.

Aunque recobrara la fe en doña Milagros, no por eso dejaba de ver con extrañeza que la señora no acababa de poner en la calle a Vicente. Si no supiese que con todo su almacén de peinetas y moños y su gigantesca humanidad, el comandante era otro como yo —otro marido de los que abdican y dejan que recaiga el mando en rueca—, a él acusaría por lenidad tan inconcebible. Dado que al señor de Llanes le excusaba su sumisión conyugal, la responsable era doña Milagros. ¿Cómo permitía que el asistente permaneciese en su casa ni un minuto?

—Mire usté, es una tontera —respondió ella cuando la interrogué sobre el caso al otro día de la procesión de la Soledad—, pero le he cogío una miajas de respeto al charrán ese. Al desirle que se largue comiensa a hasé morisquetas y a poné los ojos de loco... y, vamos, que yo... como lee uno en los periódicos, a caa paso, tales atrosidaes...

—Por Dios, doña Milagros... ¡Parece mentira que una mujer como usted se acoquine! El bergante la ha metido a usted en un puño... Nada, una buena resolución. Escoja usted un momento en que el señor de Llanes esté en casa... Yo estaré también, si usted quiere... No nos comerá a los dos... ¡Si usted supiese lo que la urge limpiar la casa de ese pillo!

Esta vez mis exhortaciones surtieron efecto. Aquella misma noche —según dijo— la señora significó a Vicente que había resuelto, por razones poderosas, «plantarle en la del rey», y ¡cosa singular!, el valenciano se oyó despedir silencioso, estoico; se contrajo su fisonomía; pero de sus labios no salió, como otras veces, réplica ni objeción contra el inapelable fallo que lo expulsaba. Cierto que el comandante estaba presente y apoyaba la medida con toda su autoridad de jefe y de esposo. Retiróse el asistente cabizbajo, y se le oyó trastear en su cuartuco, arreglando ropa y rompiendo algunos papeles. La compañera —pues la comandanta tenía a su servicio una moza para fregar los pisos y atender a las labores domésticas cuando el asistente salía a recados— dijo después que Vicente había conservado encendida la luz hasta muy tarde, porque al levantarse ella, al punto del amanecer, la vio filtrarse por debajo de la puerta; y también añadió que, al regresar Vicente a la cocina después de despedirle sus amos, como le reclamase una palma que el Domingo de Ramos la había prometido, el soldado respondió pocas y fatídicas palabras:

—¡Ya regalaré palmas a todos, ya!... El Domingo de Ramos pasó; pero lo que es el Domingo de Pascua, ha de ser señalado en Marineda.

El Domingo de Pascua, Vicente salió de su cuarto a la hora de costumbre, y se dirigió al despacho, llamémosle así, de don Tomás, donde el comandante, por despachar algo daba buena cuenta de los excelentes cigarros de contrabando, obsequio de la Tomatera de Chipiona. Vicente arreglaba aquella pieza, sin permitirse jamás tocar a los cajones de puros —tentación fuerte, sin embargo, para un español—. No solo barría y limpiaba, sino que cuidaba las armas del comandante con esmero exquisito, haciendo relucir las hojas de los sables y los cañones de los revólveres y escopetas, porque don Tomás, sin ser muy aficionado, ni menos inteligente, había adquirido, por rutina y por vanidad, algunos hermosos ejemplares de armamento moderno, encargándolos a Inglaterra. Vicente permaneció en el despacho de don Tomás media hora escasa, y después se sentó en la cocina, abstraído, rehusando el desayuno. A las nueve empezó a dar indicios de agitación; giró como la fiera en la jaula, comenzó labores sin concluirlas, se mojó la cara con agua fresca, rompió dos o tres platos, y mostró pueril enojo porque tenía que embetunar las botas del comandante.

A las diez de la mañana, la fámula salió a la compra, y se echó a la calle don Tomás, dejando a doña Milagros entregada a la faena de prepararse para misa de once; a la salida de esta misa, donde concurre toda la high-life de Marineda, la aguardaba su marido ante el pórtico de San Efrén charlando con vecinos y amigotes. Parece que en el mismo instante en que la comandanta, después de haber desenredado su pelo crespo y negrísimo, alzaba los brazos para retorcer el moño, se abrió con el estrépito la puerta de su gabinete, y penetró Vicente navaja en mano, con aspecto y ademanes de insensato furioso. La escena que sigue a esta entrada de Vicente merecería sin duda ser descrita y relatada; convendría saber —pero saber sin omitir punto ni coma— lo que habló con su ama el mozo, y lo que ella, trémula de espanto, pudo responderle. Por desgracia, jamás lo averiguaremos; nunca aquel diálogo tremendo en que una mujer defendía su honra y su virtud contra un hombre empeñado en profanarlas, será conocido de nadie. Las palabras volaron, disipándose en el ambiente del aposento que las oyó resonar; las violencias de la pasión se evaporaron como el agua de las salinas, que al beberla el Sol deja en el fondo amargor inmenso..., y lo único que quedó en pie fueron hechos, por otra parte bien elocuentes.

Subía yo a mi piso, oída la misa de diez, con ánimo de activar los preparativos del tocado de mis hijas, parroquianas de la de once, cuando no sé si el cansancio de mis piernas o un impulso maquinal —el del cariño, que tal vez se reduce a una necesidad continua de aproximación— me obligó a detenerme ante la puerta de doña Milagros. Y lo mismo fue pararme allí, que oír el estampido de un tiro, al cual siguió otro, y otro... ¡Horror! Toda la carga de un revólver, disparada seguidamente, con una especie de rabioso frenesí... Empujé la puerta, lo mismo que si pudiese abrirla; grité, bajé al portal, salí a la calle... Y en un decir Jesús, sin que yo advirtiese cómo, la gente que pasaba, la de las casas próximas, la de la mía, acudió, se juntó, se atropelló, se agolpó en la escalera, se arremolinó, rodeándome, queriendo saber lo que pasaba, cuando no lo sabía yo mismo...

Entre tanto, seguía cerrada la puerta; detrás de ella reinaba fúnebre silencio. A nuestros campanillazos, a nuestros gritos, no contestaba un soplo, ni el eco de unos pasos. Una gente propuso que se avisase al herrero; pero Redondo el embadurnador, el de las sanguijuelas, que según costumbre andaba por allí, tuvo una idea mucho más sencilla: traer la escalera que estaba en la portería, y ya encaramado en ella, romper de un puñetazo el vidrio de un ventanillo que daba luz al recibimiento, abriendo así entrada bien fácil, por donde se descolgó y pudo franquearnos la puerta. Nadie reparó en que cometíamos una infracción de la ley allanando una morada: todas las leyes del mundo infringiríamos entonces.

Fui el primero que, frío de pavor, entró en la silenciosa vivienda. Guiado por el corazón, me precipité hacia el gabinete de doña Milagros, pieza que la servía a la vez de tocador y de cuarto de costura, y donde, con su graciosa familiaridad habitual, me había hecho entrar mil veces. Era preciso pasar por la sala, y creí escuchar un gemido leve, apagado, que me dejó más yerto de lo que estaba. Aparté las cortinas; la puerta vidriera encontrábase abierta... Vi en el suelo a la comandanta de Otumba. La veré siempre así. Yacía reclinada sobre el lado izquierdo: un reguero de sangre empapaba sus faldas y extendía vasta placa roja por su blanco peinador; el pelo suelto casi la cubría la cara; un brazo, replegándose hacia la cintura, señalaba la actitud de oprimir la herida...

Mientras yo me arrojaba a levantar en peso a doña Milagros y con fuerzas que nunca creí poseer la llevaba a su alcoba y la tendía cuidadosamente sobre la cama; mientras clamaba por «¡socorro, un médico!», y me apresuraba a bañar de agua las sienes y los pulsos de la herida señora, porque la sentía respirar; mientras perdía el poco seso que me restaba al ver correr la sangre y al humedecerme con ella las manos, la gente, que se había desparramado por las habitaciones, exhalaba chillidos y exclamaciones de horror al encontrar atravesado en el despacho del comandante Llanes el cadáver de Vicente. La furibunda mano del suicida había agotado la carga del revólver; sin duda le temblaba el pulso, pues algunas cápsulas agujearon la pared, mientras dos penetraban por debajo de la barba y se alojaban en el cerebro. Refiriéronme esto después: yo tuve la suerte de no ver aquel espectáculo.

Lo único que me preocupaba en tales momentos era la señora. ¿Lo he de confesar? Sí, porque ya sé que tú, lector, en el curso de esta historia habrás encontrado toda clase de defectos que ponerme... excepto el de duro e inhumano. Pues bien; así que el señor de Napelo, llamado precipitadamente, hubo cortado el corsé, reconocido la herida y hecho la primera cura; así que doña Milagros abrió lánguidamente los ojos y nos sonrió como para tranquilizarnos; así que el inédito declaró que la lesión, no solo no era mortal, sino levísima y que cicatrizaría pronto, gracias a la oportunidad de la navaja que resbaló sobre la ballena del corsé y tropezó después en no sé cuál bienhechora costilla, lo que sentí fue, más que alivio y tranquilidad, alegría delirante, irracional, absurda; alegría que me hizo caer arrodillado al pie de la cuna de la mártir, bendiciendo a Dios que formó el alma de la mujer de tan generoso y noble temple, que prefiere la muerte a la ignominia. Me sentía inundado, ahogado, sumergido en gratitud; quería besar los pies de la cama y la colcha; porque nada agradecemos como la conservación de nuestras caras ilusiones, el que nos pisoteen las flores que nos brotan dentro del alma; y si podemos perdonar, y perdonamos de hecho, al que nos roba dinero o bienes, nunca perdonamos al que nos quita nuestra propia estimación destrozándonos el ideal. Si doña Milagros hubiese sido la mujer liviana que pintaban las malas lenguas, yo no se lo hubiese perdonado nunca. Su virtud me halagaba tanto como podría halagarme una prueba de amor directa y vehemente: su virtud, ya heroica, ya adornada con las palmas del martirio, era la forma en que correspondía a mi amante veneración; era su manera de entregarse, de ofrecerme su corazón y su cuerpo. Ni ella ni yo habíamos creído jamás que pudiese unirnos un indigno lazo, subrepticio, vergonzoso, impropio de mi edad, antipático a mis convicciones: ni ella ni yo —si se exceptúa un minuto de extravío del cual me acusé en el tribunal de la penitencia— habíamos notado la mutua atracción que nos guiaba, sino como fórmula del completo desarrollo de nuestros sentimientos más puros y más castos; como última flor de la filogenitura. ¡Ah doña Milagros! ¡Mujer soñada en mi juventud, bendita seas! Y al pie de la cama, con el rostro sepultado en los pliegues de la colcha, juré yo entonces pagar tu admirable conducta con algún rasgo admirable también, digno de ti y de mí y de la delicada hermosura de nuestras relaciones —porque ya creí poderles dar en mi interior este nombre dulce y significativo.

Sí: era preciso que me elevase a la misma altura que tú, ¡oh mi dueña y maestra, ley y norma de mi vida! Porque en aquella ocasión lo veía claramente; la única persona que había realizado ante mis ojos el tipo de la bondad era doña Milagros. Pronta a sacrificarse por todos; con el sentimiento más hermoso y más santo en la mujer, que es la fraternidad, tan poderosamente desenvuelto que absorbía los restantes; sencilla humilde, mansa, desprendida, tierna, doña Milagros era la encarnación de lo bueno femenino. Para que el cuadro fuese completo; para que no faltase pincelada alguna, ahora se había demostrado del más evidente modo, que no solo doña Milagros era la misma honestidad, sino la honestidad heroica, dispuesta a arrostrarlo todo por no mancharse. Yo no ignoraba sus temores; yo sabía que ella tenía previsto el crimen. Una compasión ternísima, una dulzura llena de beatitud me inundaban al pensar que a mí se debía la brillante prueba de integridad dada por la señora. Y al mismo tiempo, me estremecía pensando en la terrorífica escena de que habían sido testigos aquellas paredes; la infeliz, sola con el dragón furioso sin poder oponer a sus amenazas y violencias más que el grito ahogado por el miedo, viendo brillar siniestramente la navaja, percibiendo el frío de la hoja, sintiendo correr la sangre, cayendo desmayada... Dios la había preservado: Dios había querido que el monstruo no tuviese la mano certera sino para hacerse justicia; Dios había resuelto dar a todos, al público malvado y suspicaz, testimonio de que ni el armiño ni la nieve podrían emular a doña Milagros en limpieza. Sí: yo veía en la bárbara y desesperada acción del mozo la huella indudable de esa Providencia en la cual siempre he creído, y que de tiempo en tiempo derrama su gracia y su luz sobre nosotros, para confundir a los malvados y alentar a los buenos. El doble atentado de Vicente era diadema de gloria puesta sobre las sienes de doña Milagros.

Entonces fue cuando adquirió el plenísimo convencimiento de que una mujer, así sea limpia y firme como el diamante, y así los sucesos la ofrezcan ocasiones especialísimas de revelar estos méritos a la faz del mundo, siempre está expuesta a que la calumnia halle resquicios por donde eclipsar el resplandor de la acción más memorable y digna de encomio. Nadie lo dude: por unanimidad no se ha proclamado todavía la castidad de una mujer, ¡ni aun de la que pisa las estrellas y apoya el pie en la Luna! ¡Por unanimidad no hay tampoco hombre bueno, guerrero valeroso, sabio profundo ni excelso artista! La reputación es un espejo grande, claro, hermoso, pero que siempre en alguna esquina aparecerá empañado. Limpiad la mancha, y reaparece por la esquina opuesta. Parece que un travieso diablillo colgado del espejo se entretiene en soplar aquí y allí enturbiando la superficie.

Digo esto, porque ¿quién creería que después de la tragedia en que doña Milagros afirmó a tanta costa su virtud, no había de estar a cubierto —enteramente a cubierto— de malévolas suposiciones, y que no se habían de postrar todos reconociendo su valor y tributándola el merecido respeto? Pues no sucedió así. Los eternos enemigos de la señora, los incansables detractores de aquel ser para mí celestial, encontraron medio de sacar de su gloria su deshonor, y de sepultarla en todo con lo mismo que debiera servir para ponerla en las nubes. Yo, que me lancé a todos los corrillos, y en especial a los de la Sociedad de Amigos, a gozar de mi triunfo y a escuchar cosas que me lisonjeasen, noté con asombro y cólera que abundaban más las reticencias, las dudas y las descabelladas hipótesis, de las cuales salía muy mal librado el decoro del comandante, más nublada que nunca, la fama de su esposa.

Sostenían, en efecto, con el encarnizamiento de la saña y la malicia, que no se explicaba la conducta de Vicente, sino suponiendo que creía tener sobre su ama algún derecho que la flaqueza de esta le hubiese concedido. Afirmaban que en aquella suprema entrevista última, que, aparte de los interesados, solo tuvo por testigo a Dios, habían mediado reconvenciones, cargos, amenazas, súplicas —cuando media entre el amante abandonado y la mujer hastiada y resuelta a desembarazarse de él a toda costa, porque la asusta, porque constituye un obstáculo—. Aseguraban, como si lo hubiesen visto, que el bárbaro había colocado a la señora en la espantosa disyuntiva de morir o continuar arrostrando la reprobación general y el peligro de despertar las sospechas de su esposo; y juraban que era tal la idolatría del mozo por su señora, que, al derramar la sangre de aquellas venas, al pensar que había herido, quizás mortalmente, a doña Milagros, lo vio todo negro, y, loco de dolor, de desesperación y de remordimiento, volvió contra sí su rabia, tan aturdido, que arrojó al suelo la ensangrentada hoja, sin ocurrírsele servirse de ella para matarse.

—Ya jamás se despejará la incógnita de este drama —decía con silbo de serpiente Baltasar Sobrado—. El muerto no habla, y la viva, claro que ha de decir lo que más la convenga. En amoríos domésticos no median cartas. No se encontrará prueba alguna... Pero los que conocemos la vida, no nos tragamos esta clase de Lucrecias. ¡Seráfico don Tomás Llanes! ¡Cuando pienso que las nueve décimas partes son así! Por supuesto, que al pobre diablo no le queda más recurso que pedir el traslado. Sé que al capitán general le haría poquísima gracia que después de la tragedia siguiese viviendo aquí. Eso lo guisarán en familia los del cuerpo. La cosa es tan feílla, que le echarán un capote para taparla. ¡Bah! Todo se arregla en este mundo... y la los diez años, todo se olvida!

¡Ah venenoso áspid! Si yo no te debiese cinco mil pesetas, a las cuales ya había abierto una brecha regular, ¡cómo te metería el resuello en el cuerpo! Pero eras el ser sagrado, a quien saludamos hasta los pies despreciándole profundamente: eras el acreedor... Contra el acreedor no hay razones. Agaché la cabeza. Lo que más me afligió fue ver que de tu detestable opinión era partícipe una persona en quien yo tenía gran confianza, aun cuando desde entonces la perdí. Moragas, de regreso de su viaje y al enterarse de lo ocurrido, había exclamado arrugando la expresiva fisonomía:

—Esas cosas nunca suceden antes de la letra.

Tal furia pasional, tales arrebatos ciegos y destructores, es casi increíble que no tengan por raíz los sentidos exaltados con el cebo de la posesión.

Como a Moragas no le debía yo un céntimo, me creí en el caso de contestarle:

—Ustedes no ven en todo más que materia. Son ustedes tuertos del entendimiento. Les compadezco... ¡porque no les quiero aborrecer!

XIX

El epílogo de mi historia con doña Milagros coincidió con muy importantes acontecimientos para mi familia. Perdí a dos hijas casi al mismo tiempo... Clara, acompañada del Penitenciario, salió hacia Compostela dispuesta a que ciñese su frente la toca de las novicias. Y Tula, ¡nada menos que Tula!, con toda su severidad, su acritud, sus principios de orgullo y sus altivas frases fielmente calcadas en las de mi pobre esposa..., cogió al aguilucho de la familia y lo chapuzó... ¿dónde diréis que chapuzó al mísero pajarraco? ¡En la bacía del barbero Redondo! Sí: con el hijo del rapista, con el pintorcejo de puertas y ventanas fue con quien Tula se resolvió a renunciar a su honesta soltería, y a entrar en el amor y el matrimonio, paraísos desconocidos para ella hasta entonces...

Me avergüenza esta página. Quiero pasarla por alto o punto menos, corriendo un velo sobre el error de una doncella a quien tuve, no solamente por recatada e invencible, sino por preciada de su calidad y deseosa de conservar siquiera el prestigio de un distinguido nacimiento... Los chismes de Feíta no habían hecho mella en mí; juzgué que eran invenciones de aquella cabeza caliente y destornillada... La caída de Tula me recordó que el hambre de amor, como la obra, hace olvidar las facticias jerarquías sociales, y conduce a la más democrática igualdad, a la nivelación más absoluta... Bajo el impulso de esta necesidad, apremiantísima; bajo la fuerza de esta ley, todo lo convencional desaparece, y solo quedan en pie Adán y Eva, la primitiva pareja del Edén, el varón y la hembra atraídos el uno hacia el otro merced a instintos que a veces ni saben definir... Tula no encontraba su media naranja, y se moría por dar con ella, hasta que se la brindó la embadurnada mano del vástago del rapabarbas. Y verla y asirla fue todo uno.

Hemos ignorado siempre cómo se desenvolvió el idilio. Yo bien noté que el pintor venía muy a menudo a mi casa; pero lo consideraba efecto de su carácter solícito y servicial. Queriendo Sobrado cumplirnos su palabra de adecentar el piso donde vivíamos, envió al hijo de Redondo para que diese una mano de pintura gris perla a las maderas —puertas, ventanas y galerías— con lo cual el mozo se pasó una quincena dentro de nuestro hogar, tanto más libremente, cuanto que nadie sospechaba que sus brochas gordas fuesen flechas del carcaj de Cupido. Así que se difundió por la ciudad la noticia de que Tula, la almidonada y remilgada Tula, descendía hasta el pintorcejo; los comentarios versaron principalmente sobre un punto tan delicado como difícil de esclarecer: ¿de qué manera habían principiado a entenderse los amantes? Dada la condición social del muchacho, casi todos suponían que la iniciativa no habría partido de él. Regaladita Sanz, con su voz dulce y melosa y su chancera suavidad de devota aristocrática, declaró en la tertulia de la marquesa de Veniales que sin duda alguna mi hija se había declarado de un modo indirecto, y que probablemente, colocándose delante del pintor en ocasión en que este embadurnaba con más brío, habría exclamado suspirando hondo:

—¡Ay! ¡Quién fuera puerta!

Así o de otro modo, es lo cierta que la pareja se arregló, y que la descendiente de los antiguos señores de Villalba entregó su mano seca y febril al nieto de cien *Fígaro*s. En la activa desintegración que se verifica en la sociedad contemporánea, mi hija, procedente de la vieja aristocracia de aldea, y perteneciente ya, por nuestra escasez de recursos, a la modesta clase media, se perdía, por ansia amorosa, por obediencia a ineludibles leyes naturales, en las filas oscuras del populacho... Casada con Redondo, mi hija encendería la lumbre, la soplaría, arrimaría el puchero, barrería ella misma su cuarto, y tal vez, ¡perspectiva afrentosa!, tendría que bajar al lavadero para retorcer los pañales de mis nietecillos... Estando yo, muy abatido, en lid con estos pensamientos, díjome Feíta:

—¿Ve, papá? ¿Ve la gracia de Tula? ¿Ve cómo caen primero las torres más altas? ¿Ve el afán de casarse? ¿Ve el no haber más Dios ni más Santa María que encontrar marido? ¿Se convence ahora de que tengo razón?

—Bueno, bueno... Chiquilla, que me duele la cabeza... ¿En qué quieres tener razón tú?

—En mis proyectos de buscarme la vida sin aguardar el mosiú que venga a sacarme de penas. ¿Qué le parece, los asquitos y las monadas? Mucho de señoritas y mucho de que nos rebajaríamos trabajando y ejerciendo una profesión... Ya me dirá qué bonita profesión la que va a ejercer Tula ahora. El estropajo y la escoba sean con ella. Más le valiera... aunque fuese... ¡pintar puertas como su marido! y con lo que ganase pagar una criadita. ¡Ay papá!

Lo que es a mí... A mí no me cogen. Yo me las arreglaré: yo les haré a todos la mamola.

—Tú estás más loca y más en Belén que la misma Tula —contesté severamente.

—No, papá: yo soy la única persona que está aquí en su juicio... Guíese por mí, que tengo revelaciones... como dicen los libros que leía Argos. Tula ya hizo la trastada; Clara se buscó la vida a su manera; yo... yo... soy yo. Mire ahora por Rosa y por Argos. No se duerma: le advierto que están las dos muy en peligro. ¡Muy en peligro! A Rosa... no quiero asegurarlo aún... pero me parece que la ronda un pez... ¡Qué pez! En fin, chito... atiéndalas, papá... Son bonitas... no tanto como les dicen los memos, pero en fin, son bonitas... Argos tiene además esa voz... Mándela a Madrid a estudiar, aunque sea haciendo un sacrificio. Que cante, ¡que salga a las tablas! ¿No vale más salir a oír aplausos, que repasarle los calcetines a Redondo? ¡usted no me da crédito! Tampoco me creyó cuando le avisé que Tula estaba dispuesta a casarse con el mismísimo diablo... Pues acerté.

Las reflexiones que debieran sugerirme estas advertencias de la muchacha, se borraron entonces porque sobrevino otro suceso que embargó mi espíritu. Los esposos Llanes habían sido trasladados a Barcelona. Todo el mundo aplaudió y comprendió el traslado: se imponía, era de cajón; resolvía una situación embarazosa. Aunque el terrible drama había valido al matrimonio bastantes manifestaciones de simpatía (pues en el fondo la gente marinedina es buenaza y afectuosa), con todo eso, después de ciertas catástrofes, aunque no alcance a las personas que en ellas intervienen responsabilidad alguna, se diría que en el ambiente que las rodea flota una nube de siniestra oscuridad, y que se les hace indispensable respirar otra atmósfera, ver otras caras y residir en otros lugares, que no recuerden el pasado. El matrimonio Llanes debió de comprender que no había más camino; marido y mujer se habían quedado muertos... «Nos han dao cañaso», decía la señora... La populosa capital y sus distracciones tenían que hacerles un bien muy grande. Así lo reconocían todos... Solo yo no podía acostumbrar mi corazón a la perspectiva de no ver más a doña Milagros; solo yo, que había erigido a aquella señora un templo, que ya había logrado purificar mi pasión enteramente y llevara a tal grado de decantación espiritual que ni al mismo Sol ofendería, no acertaba a resignarme a que desapareciese para siempre de mi vida aquel atractivo, aquel estímulo, aquel sueño, aquella mujer que triste, enferma aún, sin su charla y su vivacidad de antaño, me interesaba cien veces más, y despertaba en mí tal efusión de ternura y engendraba tales ilusiones purísimas, que mientras la mirase y oyese su voz, no me creería viejo.

Era preciso, sin embargo, separarse. El día se aproximaba, y cuanto más cerca lo veíamos, más patente era el desconsuelo y la pasión de ánimo de doña Milagros. ¿Cabía atribuirlo a la herida? No; la herida era un rasguño; apenas había causado fiebre. El susto y la aflicción sí que explicaban racionalmente el que doña Milagros apareciese tan decaída. Huía de mí; todo mi afán de tener con ella una conversación a solas —de esas pláticas en que se desahoga el alma—, fue inútil; la señora me evitaba cuidadosamente, y dos o tres veces, al dirigirla la palabra, oí que reprimía un sollozo, y noté su fatiga y su angustia.

La víspera del día fijado para la marcha, en ocasión de hallarme reclinado sobre el antepecho de mi ventana favorita, junto al tiesto de heliotropos en flor, se me representó con más fuerza que nunca la imagen de doña Milagros, la santa mujer calumniada por todos... y hasta por mí; víctima de su deber y juguete de la injusticia del mundo; reflexioné sobre las causas de su misteriosa tristeza, de su profunda depresión física y moral; medité por centésima vez en si podía darla algún consuelo, serla en algún modo útil o grato —porque comprendía en aquel instante que lo único que podría aplacar el dolor de la separación sería un gran sacrificio, una ofrenda...— y de pronto, mientras mis ojos seguían el gracioso columpiarse de un esquife blanco sobre las ondas de la bahía, sentí algo como llamarada súbita, el escalofrío de la inspiración... Se me había ocurrido la idea feliz, la idea que debía servir de consuelo a doña Milagros, expresarla cumplidamente mi respeto, mi veneración, mi idolatría, y, por último, estampar la ceniza en la frente a los que se habían atrevido a murmurar de la señora. Sí: aquello, y solo aquello, podía simbolizar de un modo adecuado lo que representaba doña Milagros en la sencilla y corta historia de mi corazón. Y la idea me infundió al instante tal alborozo, que no quise tardar ni un minuto en ponerla por obra.

Entré en el cuarto donde dormían las gemelas, destetadas ya y reunidas en la misma camita de hierro. Detúveme un instante a contemplarlas. Sobre la almohada descansaban las cabezas encantadoras, y se esparcía una hoja-rasca de rizos castaño alborotados, confundidos, tocándose las dos frentes que el sueño humedecía de ligerísimo aljofarado sudor. Las respiraciones se mezclaban; un brazo de Zita rodeaba el cuello de Media; esta, adelantando el hociquito, mamaba en sueños, como suele suceder a los niños recién despechados; y la otra, sonriendo vagamente, muy sofocada, veía sin duda en el aire a sus hermanos los serafines... Miré alrededor; cogí el pañolón de lana que las abrigaba los pies; y sin temor a que se despertasen, las eché el mantón encima, las enrollé en él, y me las cargué al hombro... Seguían durmiendo. Solo Zita gruñó y entreabrió los párpados, que se volvieron a cerrar de suyo.

Bajé las escaleras a escape; había recuperado todo el vigor juvenil, la fuerte agilidad de los veinte años... Pegué a la puerta de doña Milagros un campanillazo arrollador, triunfal; entré de súbito en el gabinete, donde la señora doblaba ropa que iba a colocar en una maleta; con impulso delirante, llorando y riendo, la presenté las criaturas, los dos seres por quienes y en quienes nos habíamos amado.

¿Que qué la dije? Maldita la cosa: no hizo falta. El presentimiento y la esperanza la habían iluminado a ella, como la devoción y la ternura a mí... Abrió los brazos y estrechó a las gemelitas y a su padre a su vez; y su boca trémula, impensadamente, rozó mi boca, y nuestros ojos mezclaron sus lágri-mas, mientras ella balbucía:

—¡Querío... querío! ¡Dio te lo pague!

Si en Marineda armó alboroto el que se llevase a mis dos niñas doña Milagros, lo dejo a tu penetración, amigo que esto lees. La opinión más general fue que yo había querido redimir un censo. Estuve en la cama varios días; se me apagaron las pupilas; se me dobló el espinazo; aumentaron mis canas como si nevase en mi pobre cabeza... pero no me valió. Yo era un mal padre... y además, un viejo chocho.

Libros a la carta

A la carta es un servicio especializado para
empresas,
librerías,
bibliotecas,
editoriales
y centros de enseñanza;
y permite confeccionar libros que, por su formato y concepción, sirven a
los propósitos más específicos de estas instituciones.

Las empresas nos encargan ediciones personalizadas para marketing
editorial o para regalos institucionales. Y los interesados solicitan, a título per-
sonal, ediciones antiguas, o no disponibles en el mercado; y las acompañan
con notas y comentarios críticos.

Las ediciones tienen como apoyo un libro de estilo con todo tipo de refe-
rencias sobre los criterios de tratamiento tipográfico aplicados a nuestros
libros que puede ser consultado en Linkgua-ediciones.com.

Linkgua edita por encargo diferentes versiones de una misma obra con
distintos tratamientos ortotipográficos (actualizaciones de carácter divulga-
tivo de un clásico, o versiones estrictamente fieles a la edición original de
referencia).

Este servicio de ediciones a la carta le permitirá, si usted se dedica a la
enseñanza, tener una forma de hacer pública su interpretación de un texto
y, sobre una versión digitalizada «base», usted podrá introducir interpretacio-
nes del texto fuente. Es un tópico que los profesores denuncien en clase los
desmanes de una edición, o vayan comentando errores de interpretación de
un texto y esta es una solución útil a esa necesidad del mundo académico.

Asimismo publicamos de manera sistemática, en un mismo catálogo, tesis
doctorales y actas de congresos académicos, que son distribuidas a través
de nuestra Web.

El servicio de «Libros a la carta» funciona de dos formas.

1. Tenemos un fondo de libros digitalizados que usted puede personalizar
en tiradas de al menos cinco ejemplares. Estas personalizaciones pueden
ser de todo tipo: añadir notas de clase para uso de un grupo de estudiantes,

introducir logos corporativos para uso con fines de marketing empresarial, etc. etc.

2. Buscamos libros descatalogados de otras editoriales y los reeditamos en tiradas cortas a petición de un cliente.